Arndt Spieth

Konstanz
Der Stadtführer

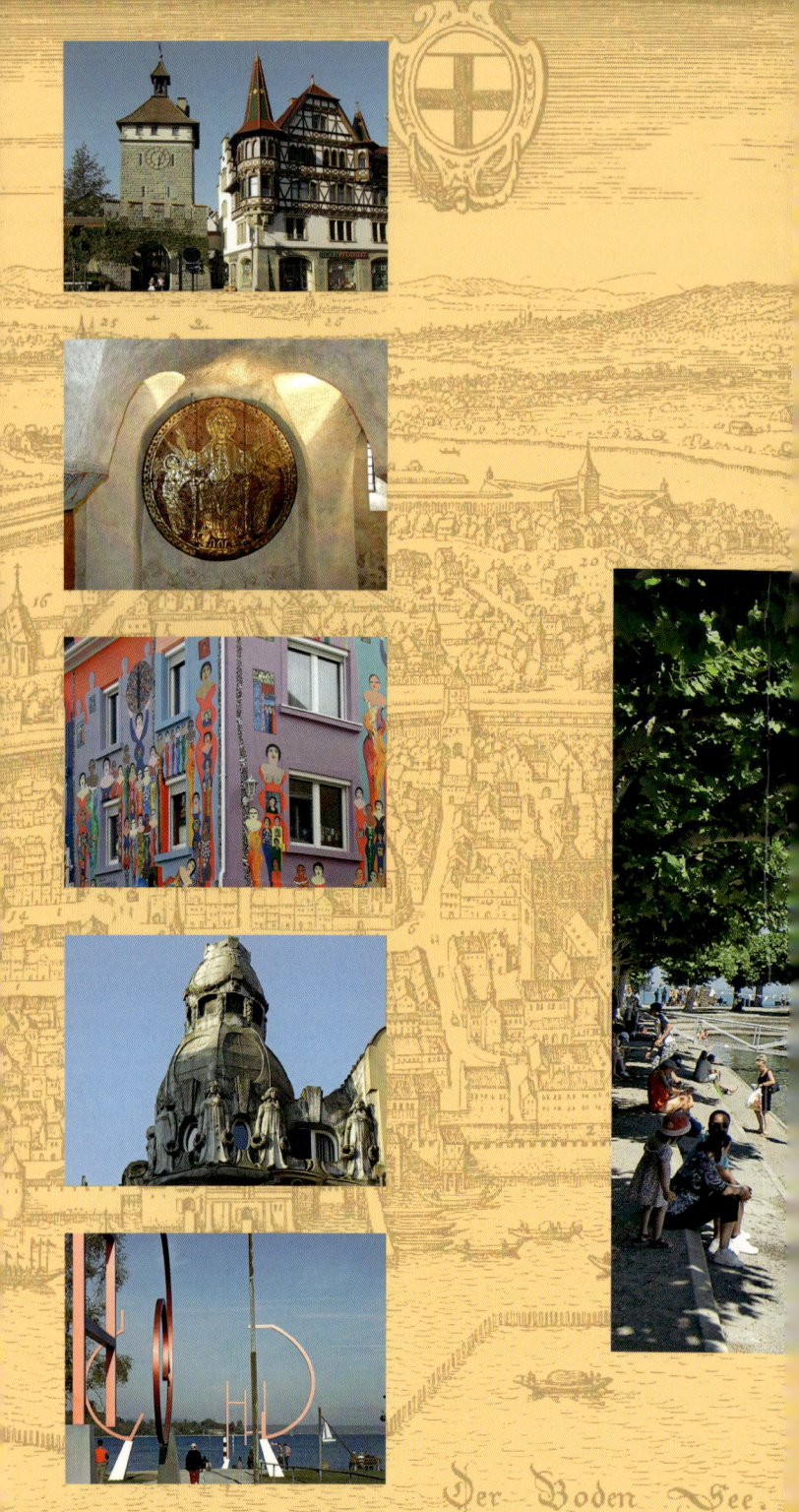

Arndt Spieth

**Konstanz
Der Stadtführer**

G. Braun Buchverlag

Inhalt

Konstanz entdecken   6
Kurze Stadtgeschichte   7

Stadtrundgänge

1 Geschichtswelt: Zwischen imposanten Frauengestalten, alten Klöstern und urigen Häusern
Rundgang durch die nördliche Altstadt
mit der uralten Niederburg   18

2 Sakralwelt: Von steinalten Hoch- und Laubenhäusern über ein Kurbad mit skurrilen Badegästen zur Schatzkammer Münsterplatz
Rundgang durch die mittlere Altstadt
mit der St. Stephanskirche und dem Münster   25

3 Geschäftswelt: Vorbei an Telegrafengöttern, Wasser speienden Seehasen und Einkaufstempeln zum alten Quartier der Hirten und Tagelöhner
Rundgang durch die facettenreiche Welt
der südlichen Altstadt und Stadelhofens   36

4 Bürgerwelt: Von der schönen städtischen Machtzentrale zu lächelnden Engeln und finsteren Gnomen
Entdeckungsreise durch die gründerzeitliche Welt
des Konstanzer Paradieses   48

5 Villenwelt: Edle Wohndomizile, Promenaden, prachtvolle Gärten und schöne Strände
Rundwanderung durchs östliche Petershausen
zwischen Konstanzer Bucht und Lorettowald   55

6 Turmwelt: Vorbei an Stadttoren und dem Minarett am Wasser zum aussichtsreichen Bismarckturm
Rundwanderung durch Petershausen und Königsbau   61

7 Hügelwelt: Von beschaulichen Fischergestaden über einen italienischen Wallfahrtshügel zum außergewöhnlichen Wasserwohnturm
Rundwanderung durch Allmannsdorf und Staad   69

8 Kontrastwelt: Vom Fischerdörfchen durch die kunterbunte Campuswelt und das abgeschiedene Klösterchen zur subtropischen Blumeninsel
Rundwanderung durch Egg und die Konstanzer Universität
bis zur Insel Mainau   75

9 Uferwelt: Von Klein-Venedig über die künstlerische
EU-Außengrenze zum Ölberg und dem Märchenschloss
Rundtour durch Kreuzlingen und den Seeufer-Park 84

Ausflugstipps für lohnende Ziele in der näheren Umgebung

A Klosterinsel Reichenau, Weltkulturerbe der UNESCO 91

B Meersburg – charmantes Städtchen mit ehemaliger
Residenz der Konstanzer Fürstbischöfe 98

C Schloss Arenenberg mit den Gärten
der Familie Bonaparte 103

D Gottlieben – kleiner, aber feiner Ort
mit großer Geschichte 105

E Marienschlucht und Teufelstisch 107

F Hohentwiel – Vulkanschlot und Festungsberg 108

G Katamaranausflug nach Friedrichshafen 110

Informationen A–Z 114

Konstanz entdecken

Obwohl Konstanz nicht gerade zu den großen deutschen Metropolen gehört, können sich nur wenige deutsche Städte mit seiner historischen Bedeutung messen. Bei Spaziergängen durch die mittelalterliche Altstadt wird man auf Schritt und Tritt daran erinnert, wie lebendig diese Vergangenheit in Konstanz geblieben ist. Hier hat der römische Kaiser Konstantin I. die Grenzen des Römischen Reiches verteidigt, hier wurde zum ersten und einzigen Mal auf deutschem Boden ein Papst gewählt und dabei wurde hier aber auch der tschechische Reformator Jan Hus auf dem Scheiterhaufen verbrannt. Viele Häuser stammen noch aus dem Mittelalter, und bei Sanierungen oder neuen Bauvorhaben stößt man an allen Ecken und Enden auf die Überreste vergangener Zeiten. Konstanz muss schon im Mittelalter eine beachtliche Stadt gewesen sein. So schwärmte der damals bekannte Tiroler Ritter, Sänger und Dichter Oswald von Wolkenstein vor dem versammelten Konzil Anfang des 15. Jahrhunderts: „Oh wunderschönes Paradies (O wunnikliches paradies…), allein in Konstanz find ich dich." Das Besondere an Konstanz ist die einmalige Symbiose von bedeutender historischer Architektur und dem herrlichen Naturraum am Bodensee. Durch den See wird Konstanz erst zu dem, was es ist. Die Seepromenade, die fast endlos erscheinende Wasserfläche, die schönen Aussichtshügel in den nördlichen Stadtteilen, die gemütlichen Cafés und Gartenlokale am Hafen, die unzähligen Boote – all das prägt zusammen mit den mittelalterlichen Gassen der Altstadt das südliche Flair von Konstanz.

Kurze Stadtgeschichte

„Chur das oberste, Konstanz das größte, Basel das lustigste, Straßburg das edelste, Speyer das andächtigste, Worms das ärmste, Mainz das würdigste, Trier das älteste, Köln das reichste Hochstift". So sagte es Kaiser Maximilian I., der den Rhein auf Grund seiner vielen Bistümer gerne scherzhaft als „lange Pfaffengasse" bezeichnete, mit seinem berühmten Ausspruch sehr treffend: Das Konstanzer Bistum war eines der größten und bedeutendsten überhaupt. Konstanz und seine Region hatten in der Vergangenheit eine wichtige politische Rolle und waren immer wieder zentraler Schauplatz der europäischen Geschichte. Da diese einzigartige Historie der Bodenseestadt auch heute noch allgegenwärtig ist, lohnt es sich, wenn auch nur im Geiste, auch einen Spaziergang durch ihre Geschichte zu machen.

Von den Pfahlbausiedlungen bis zum Konzil

Die ersten Siedlungsspuren im Konstanzer Stadtbereich reichen bis in die Zeit der Jungsteinzeit zurück. Um 2000 v. Chr. wird das gesamte Bodenseeufer von Pfahlbauern besiedelt, die wohl auch am Konstanzer Ufer ihre auf Pfählen stehenden Behausungen errichten. Die frühesten Funde stammen vermutlich von dem später eingewanderten keltischen Stamm der Helvetier aus der Zeit um 100 v. Chr. Seinen Aufschwung nimmt dieser strategisch bedeutsame Standort aber, als die Römer um 100 n. Chr. auf dem späteren Münsterhügel ihre erste Siedlung anlegen. Die eigentliche Stadtgeschichte beginnt um das Jahr 300: Konstanz wird linksrheinische Grenzbefestigung gegen die von Norden eingefallenen germanischen Alemannen. Das Kastell **„Constantia"** sichert den Rheinübergang zwischen der Konstanzer Bucht im Westen und der sumpfigen Uferlandschaft des Untersees im Osten. In den folgenden 200 Jahren bilden Rhein und See eine kulturelle Grenze zwischen der keltisch-romanischen Mischbevölkerung im Süden und den aus dem Gebiet zwischen Mecklenburgischer Boddenküste und Elbe eingewanderten Alemannen auf der Nordseite. Im Schutz dieser Militäranlage erblüht wohl auch die zivile Siedlung, denn die unweit der Festung gelegenen römischen Badeanlagen aus dem 4. Jahrhundert fallen für diese Zeit ungewöhnlich groß aus. Ihren Namen erhält die Siedlung entweder vom römischen Kaiser Konstantin I., der um das Jahr 300 Siege über die Alemannen errungen hatte, oder sie wird nach seinem Enkel, dem Kaiser Constantius II., der 354/355 am Rhein und in der Provinz Raetia gegen die Alemannen kämpfte, benannt. Um 400 durchbrechen die Alemannen schließlich die römischen Befestigungen und dehnen ihren Siedlungsraum auch auf die deutschsprachige Schweiz aus. Die Römer flüchten von den Ufern des als „Lacus Brigantinus" oder auch „Lacus Constantia" bezeichneten Sees. Während die Siedlung Constantia ihren Namen behält, setzt sich mit den neuen Bewohnern der vermutlich vom alten Ortsnamen Bodman abgeleitete Name „Bodensee" durch. Der Beiname „Schwäbisches Meer" stammt zwar ebenfalls noch indirekt von den Römern. Diese meinten mit „mare suebicum" jedoch die Ostsee, der sie den Namen des größten Alemannenstammes, der Sueben, gaben. Nachdem nun die Alemannen bzw. Schwaben „umgezogen" waren und der Bodensee im frühen Mittelalter mitten im damaligen Herzogtum Schwaben liegt, überträgt man den Meeresnamen auch auf das Binnengewässer.

Auf den alten Römerstraßen, die weiterhin durch Konstanz führen, ziehen nun Scharen von Händlern und Pilgern aus allen Himmelsrichtungen. Sie brachten neben dem notwendigen Kleingeld vielerlei kulturelle Einflüsse in das aufstrebende Bodenseestädtchen. Einer der stärksten Impulse für die Entwicklung der Stadt war zweifellos um 585 die Gründung des Bistums Konstanz. Sinn und Zweck ist die Missionierung der häufig noch an Wotan und Thor glaubenden alemannischen Bewohnerschaft. Konstanz bleibt im Deutschen Reich bis 1827 Sitz des größten deutschen Bistums, das sich bis zur Reformation auf große Teile des alemannischen Siedlungsgebiets vom Gotthard im Süden bis Marbach am Neckar im Norden erstreckt. Im Osten bilden die Iller und im Westen der Rhein die Grenze. Die übrigen Alemannen werden von den ebenfalls neuen Bistümern Augsburg, Basel und Straßburg betreut. Eine wichtige Rolle für die Konstanzer Stadtentwicklung spielen die drei Bischöfe und Stadtherren Salomon III. (890–919), Konrad (900–975) und Gebhard II. (979–995). **Salomon III.**, ein alemannischer Adeliger, lässt die Krypta des Domes erweitern und dort die Gebeine des heiligen Pelagius aufbahren, was Konstanz zum Ziel zahlreicher Pilger macht. Neben dem immensen Bedeutungszuwachs für den Dom wird, nicht zu vergessen, auch das Konstanzer Stadtsäckel gut gefüllt.

Der seit 1123 als katholischer Heiliger verehrte **Konrad**, ein Welfe, versucht nach Aufenthalten im Mittelmeerraum die städtische Topografie von Konstanz an die von Rom anzugleichen und ein zweites Rom (**„Roma secunda"**) nördlich der Alpen zu erschaffen. So plant er nach seinen Romreisen analog zu San Paolo fuori le mura eine Paulskirche in der heutigen Hus-

Archaische Unterwelt: die Krypta

senstraße, entsprechend der Kirche San Giovanni in Laterano entsteht in der Niederburg die Kirche St. Johann, und nach dem Vorbild von San Lorenzo wird die heute nicht mehr existierende Kirche St. Lorenz am Obermarkt gebaut. Konrad besucht aber nicht nur die Ewige Stadt am Tiber. Er pilgert auch voller Inbrunst nach Jerusalem. Dort wird er von der Grabeskirche zum Bau der Mauritiusrotunde inspiriert, die bald als wichtiges Konstanzer Pilgerziel dient.

Steinfigur in der Mauritiusrotunde

Konrad prägt wie kein anderer das mittelalterliche Stadtbild des kleinen „Constantia", wie es jetzt genannt wird, und wird nicht umsonst Patron von Stadt und Bistum. **Gebhard II.** führt Konrads Politik teilweise fort und lässt auf der anderen Rheinseite die Papst Gregor geweihte Klosterkirche St. Gregor errichten. Ihre Lage jenseits des Flusses weckt bei der

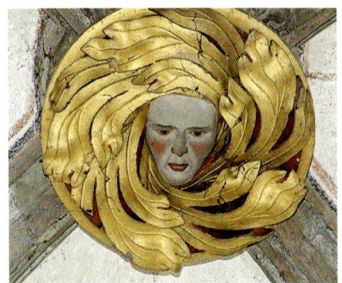

Geheimnisvoll: Abschlussstein in einer Seitenkapelle der Mauritiusrotunde

Bevölkerung die Vorstellung vom Petersdom in Rom, der nach Erzählungen von Romreisenden ja ebenfalls auf der stadtabgewandten Seite des Tibers liegt. Die „Constantianer" nennen sie deshalb stolz ihre „Peterskirche" und den neuen Stadtteil Petershausen. Die selbstbewussten Städter scheinen mit all den neuen Kirchenbauten inzwischen ein geradezu römisches Lebensgefühl entwickelt zu haben. Zeitgenössische Dokumente geben Konstanz den Ehrentitel „felix mater constantia", der an sich nur Rom zustand. Während des Investiturstreits, bei dem sich die geistlichen und weltlichen Mächte wegen der Amtseinsetzung von Geistlichen in den Haaren liegen, geht es auch in Konstanz turbulent zu. Die Bischofskandidaten König Heinrichs IV. finden keine Unterstützung bei der papsttreuen Geistlichkeit, und 1084 setzt sich die antikönigliche Partei mit Gebhard III., einem Sohn des Zähringers Berthold I. durch. Das im Zentrum des neu gegründeten Herzogtums Schwabens gelegene Konstanz wird nun zum wichtigen Treffpunkt für weltliche und geistliche schwäbisch-alemannische Herrscher. Der Bischof und Stadtherr Gebhard III. wird erst ab- und 1105 wieder eingesetzt. Das Ende des Investiturstreits wird mit der Heiligsprechung Konrads Ende November 1123 besiegelt und bis heute als Konradifest gefeiert.

Die enge Verbindung der Stadt zum schwäbischen Herzogtum intensiviert sich nun vor allem während der Stauferzeit. Die häufige Präsenz des Kaisers Friedrich I. Barbarossa wertet die selbstbewusste Stadt in ihrer überregionalen Bedeutung weiter auf. Konstanz wird Ziel von Vertretern wichtiger oberitalienischer Städte, die sich hier mit dem Kaiser zur Beilegung von Konflikten ein Stelldichein geben. Herrscher in der Stadt ist aber immer noch der Bischof, der seine Stellung durch weitere kaiserliche Privilegien sogar noch ausbaut. In der Folgezeit gewinnt die Bürgerschaft aber mehr und mehr an

Frühgotischer Kreuzgang am Münster

Einfluss. Im Jahr 1192 garantiert König Heinrich VI. Konstanz die völlige Freiheit von den bischöflichen Steuern. Die Stadt wird in die Reichssteuerliste aufgenommen, und das reichliche Steuergeld fließt nun in den Haushalt des Herrschers. Da der Bischof jedoch weiterhin wichtige Rechte behält, ist Konstanz fortan eine Mischung aus Freier Reichsstadt und Bischofsstadt. Der endgültige Übergang von der Bischofsstadt zur Freien Reichsstadt findet erst im 13. Jahrhundert statt, als der Rat der Stadt weitere Rechte erhält. Auf dem Höhepunkt ihrer Macht vollenden die Konstanzer Bürger 1388 direkt am Hafen ihr für die damalige Zeit gigantisches Kaufhaus für den Warenumschlag, das heutige Konzilgebäude. Es ist, wenn schon kein Weltwunder, so doch ein Bodenseewunder. Wichtigstes Handels- und Exportgut der Stadt ist rohe gebleichte Leinwand, welche unter dem Namen Konstanzer Leinwand („tela di Costanza") weithin bekannt wird.

Während sich die Konstanzer nun in einem immer größer werdenden Wirtschaftsboom wähnen, bahnt sich in den Schweizer Bergen Unheil an. Viele fleißige Alpenbewohner bauen dort an zerklüfteten Felshängen zwischen den Kantonen Uri und Tessin Tag für Tag neue Brücken und Stege. Mit dem zunehmenden Ausbau des Gotthardpasses entscheiden sich mehr und mehr Handelsreisende für diese kürzere Alpenüberquerung, erspart sie doch viel Zeit und Kraft gegenüber den alten Wegen über Chur, zumal sich dabei die umständliche Bootsüberfahrt zwischen Meersburg und Konstanz erübrigt. Dies hat zur Folge, dass sich nun die Handelsströme zunehmend westwärts auf die Schiene Zürich–Basel–Freiburg verlagern. Der Lebensquell des Konstanzer Wohlstands beginnt langsam, aber stetig zu versiegen. Das damalige Unglück hat aus heutiger Sicht auch einen positiven Effekt, denn nur so bleibt die reiche romanische und gotische Bausubstanz in Konstanz weitgehend erhalten.

Das Konzil von Konstanz

Von 1414 bis 1418 wird die immer noch sehr mächtige Stadt Schauplatz eines ganz außergewöhnlichen Ereignisses: Einmalig in der Geschichte findet nördlich der Alpen ein Konzil zur Wahl eines neuen Papstes statt. Das Konklave erhält seinen Platz im mächtigen Kaufhausgebäude am See, dem heutigen Konzilgebäude. Der Bischofsdom, das heutige Münster, wird Sitzungssaal. Als Tagungsort wählt man bewusst Konstanz. Die Bischofs- und Freie Reichsstadt gilt damals als groß, reich, zentral in Europa gelegen und von Italien her gut erreichbar. Durch das Konzil und, als Bauernopfer, die Hinrichtung des tschechischen Reformators Jan Hus (1415) kann endlich das abendländische Schisma von 1378 infolge der Absetzung der Gegenpäpste beigelegt werden. Der Rektor der Prager Universität Hus war zuvor vom deutschen König Sigismund unter Zusicherung freien Geleits zum Konzil als Gesprächspartner eingeladen worden. Kaum trifft er in der Stadt ein, wird er verhaftet, eingekerkert und nach seiner Weigerung zu widerrufen auf dem Scheiterhaufen verbrannt. Die Papstwahl fällt am 11. November 1417 auf Oddo Colonna, den unehelichen Sohn eines italienischen Kardinals und seiner Mätresse, der anschließend als Papst Martin V. geweiht wird. Mit dieser Entscheidung wird zugleich Rom als Sitz des Papstes bestätigt und für die Zukunft festgeschrieben. Die Wahl Colonnas ist auch insofern beachtenswert, als bisher unehelich Geborene als unwürdig für das Priesteramt angesehen wurden.

Diebold Schilling d. Ä., Spiezer Chronik (1485): Feuertod des Jan Hus in Konstanz

Hexenverfolgungen und Reformation

Ab der zweiten Hälfte des 15. Jahrhundert wird ein besonders düsteres Kapitel in der Kirchengeschichte aufgeschlagen. 1478 ernennt der Papst den Dominikanermönch Heinrich Kramer (lat. Henricus Institoris) zum päpstlichen Inquisitor für ganz Oberdeutschland. Dieser Mann ist vom aufkommenden Hexenwahn förmlich besessen. Wenige Jahre später veröffentlicht er sein berühmt-berüchtigtes Werk „Der Hexenhammer" (lat. Malleus Maleficarum).

Holzschnitt von Konstanz aus der Schedelschen Weltchronik (1493)

Er liefert darin detaillierte Beschreibungen von den Erkennungsmerkmalen von Hexen, ihren magischen Praktiken und wie man mit ihnen bei den Hexenprozessen umzugehen hat. Durch seine extreme Frauenfeindlichkeit – er bezeichnet Frauen in seinen Schriften als „Feinde der Freundschaft, eine unausweichliche Strafe, ein notwendiges Übel, eine begehrenswerte Katastrophe, eine häusliche Gefahr, einen erfreulichen Schaden, ein Übel der Natur" – trägt er maßgeblich dazu bei, dass hauptsächlich Frauen den Wahnvorstellungen ihrer Verfolger zum Opfer fallen. In seinem Werk behauptet er sogar, dass das lateinische Wort „femina" (Frau) eine Verquickung aus den Wörtern „fides" (Glauben) und „minus" (weniger) sei, und möchte so beweisen, dass Frauen schwach im Glauben und damit anfällig für teuflische Verführungen sind. Kramer hält sich vermutlich oft in Konstanz auf und treibt dort und im ganzen Bistum sein Unwesen. 1485 prahlt er damit, dass in den letzten fünf Jahren in der Diözese Konstanz 48 „Hexen" verbrannt worden seien. Auch nach Kramers Tod fordert der hysterische Hexenwahn bis ins 17. Jahrhundert hinein viele weitere Opfer und wütet dabei genauso in evangelischen Orten.

Konstanz liebäugelt im 15. Jahrhundert mit dem Beitritt zur Eidgenossenschaft. Dies wissen die ländlichen Gemeinden der Schweiz aber erfolgreich zu verhindern, denn diese befürchten ein politisches Übergewicht der Städte. Als hier nichts zu machen war, schließt sich Konstanz dem Schwäbischen Städtebund an. 1519 bricht eine schwere Pestepidemie in der Stadt aus und verursacht weit mehr als nur den Exodus vieler Bewohner. Fast der gesamte Klerus einschließlich des Domkapitels und des Bischofs zieht es vor, das Weite zu suchen, und flüchtet aus dem verpesteten Häuserlabyrinth. Sie überlassen dabei die verängstigte Bevölkerung völlig ihrem Schicksal. Bei den Bewohnern wächst die Wut auf die „Pfaffen" und damit verbunden die Sehnsucht nach einer anderen Kirche. Im nun folgenden Umbruch spielt namentlich der Konstanzer Magister Jakob Windner eine wichtige Rolle. Er hilft als Vertreter der geflohenen oder verstorbenen Pfarrer in vielen Konstanzer Kirchen aus und ist der erste, der ab 1520 mit großem Zulauf die Lehre Martin Luthers zu predigen beginnt. Reformatorisches Gedankengut verbreitet sich auch durch die aufwühlenden Predigten des ehemaligen Alpirsbacher Benediktinermönches Ambrosius Blarer. Der gebürtige Konstanzer wird 1525 als reformatorischer Prediger in seine Heimatstadt gerufen. Die neue Lehre fällt in Konstanz auf fruchtbaren Boden: Ihre rasche Ausbreitung vertreibt 1526/27 den Bischof und das Domkapitel nach Meersburg. 1527 wird die Reformation eingeführt, und zwei Jahre später gehört die Stadt zu den Vertretern der protestantischen Minderheit im Reichstag zu Speyer und tritt in der Folgezeit dem Schmalkaldischen Bund bei, dem Verteidigungsbündnis protestantischer Städte und Fürstentümer.

Konstanz unter den Habsburgern

1548 verhängt Kaiser Karl V. die Reichsacht über das „ketzerische" Konstanz und lässt spanische Truppen einmarschieren. Die Konstanzer verhindern jedoch unter hohen Verlusten die Eroberung der Altstadt. Dafür toben sich die Spanier in Petershausen aus und brandschatzen den kompletten Stadtteil. Die Lage wird für Konstanz und seine protestantischen Bewohner immer kritischer. Am 13. September 1548 beschließt der Rat die Kapitulation. Nach der Niederlage verliert Konstanz den Status der Freien Stadt und wird Teil des habsburgischen Vorderösterreichs. Der Anschluss an Habsburg bringt eine Rekatholisierung mit sich:. Der Besuch der katholischen Messe und der Beichte ist nun bindend, und wer evangelische Gottesdienste bei den benachbarten Eidgenossen besucht, wandert ins Gefängnis. Anhand von Beichtzetteln, die man bei der Kommunion abgeben muss, wird das Beichtverhalten genau kontrolliert. Außerdem wird der Zuzug von Protestanten verboten, wodurch ihre Zahl immer weiter abnimmt. Da diese Maßnahmen nur zögerlich fruchten, wird 1604 mit einer Päpstlichen Bulle gegen alle Widerstände in der Stadt ein Jesuitenkolleg mit Gymnasium gegründet, das bis heute als humanistisches Heinrich-Suso-Gymnasium existiert.

Im Dreißigjährigen Krieg wird Konstanz 1633 von den Schweden belagert, die aber die Altstadt glücklicherweise nicht einnehmen können, denn das hätte damals ihre sichere Zerstörung bedeutet. In der Folgezeit sinkt die Bedeutung der Stadt immer mehr, sieht man einmal von dem vorübergehenden Einzug der Freiburger Professoren und Studenten in der Bodenseestadt ab. Dieses temporäre universitäre Gastgeschenk „verdankt" Konstanz den Franzosen, welche die Breisgaustadt im 17. Jahrhundert besetzt hatten. 1677 kommt es dort zur Spaltung der Universität. In Freiburg bleibt eine städtisch-französische Universität, während die habsburgische Universität

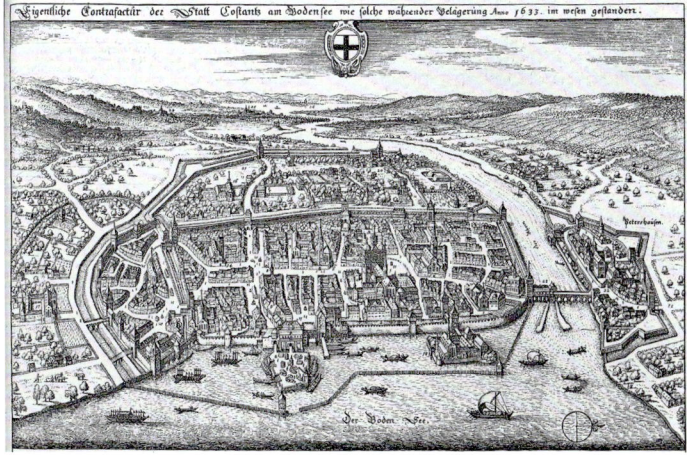

Matthäus Merian d. Ä., Topographia Sueviae (1643/1656)

bis 1698 ein Schattendasein am Bodensee fristet. Der Verlust an wirtschaftlicher und politischer Bedeutung geht mit einem starken Bevölkerungsschwund einher. Ab 1773 verlassen weitere Institutionen die Stadt. So wird auf Anordnung von Papst Clemens XIV. der wenig beliebte Jesuitenorden aufgelöst. Bald darauf lässt der österreichische Kaiser Joseph II. fast alle Klöster in Vorderösterreich und damit auch in Konstanz schließen.

Badische Zeit und Auflösung des Bistums

Nach dem Sieg Napoleons wird Konstanz 1806 dem neu gegründeten Großherzogtum Baden zugeschlagen und Hauptstadt des Seekreises. Damals leben kaum mehr als 4500 Menschen in der Stadt, die sich jetzt in einer Art Dornröschenschlaf befindet. Von der früheren Herrlichkeit der mittelalterlichen Freien Stadt ist außer dem alten Gemäuer nicht viel übrig geblieben. Zahlreiche überkommene Vorschriften blockieren jegliche wirtschaftliche und gesellschaftliche Entwicklung. Im Österreichisch-Französischen Krieg wird Konstanz im Mai 1809 von Vorarlberger Truppen belagert. Diese Belagerung bricht aber bereits im Juli zusammen. Wieder einmal ist der Kelch der Zerstörung nur knapp an Konstanz vorübergegangen.

Blick auf den ehemaligen Chor der Kirche St. Jodok

Die schwerwiegendste Veränderung für die Konstanzer in dieser Zeit ist sicherlich die Auflösung des Bistums 1827 zugunsten der neuen Diözesen Freiburg und Rottenburg. Dies hat auch im Stadtbild einschneidende Folgen: Die prächtige Kirche St. Peter reißt man ab, St. Johann, St. Paul und St. Jodok werden kurzerhand zweckentfremdet, und kirchliche Gebäude wie die Bischofspfalz im südlichen Münsterhof werden zugunsten von Neubauten dem Erdboden gleichgemacht.

Von der Revolution 1848 bis zum Ende des Ersten Weltkriegs

Die badische Märzrevolution findet in Konstanz starken Widerhall. Dabei soll am 12. April 1848 von Friedrich Hecker, einem der führenden Köpfe der sogenannten Märzrevolution, hier sogar die deutsche Republik ausgerufen worden sein, was damals allerdings von keiner der drei Konstanzer Zeitungen erwähnt wird. 1862 wird in Baden die Gewerbefreiheit eingeführt, und

Prachtbau der Belle Epoque: das ehemalige Hotel Krone

1863 wird Konstanz an die Bahnstrecke Mannheim–Basel–Konstanz angebunden. Um einen Bahnhof in der Altstadt sowie eine Bahnverbindung in die Schweiz zu ermöglichen, werden die mittelalterlichen Stadtbefestigungen weitgehend abgerissen und mit dem Trümmerschutt der Bahndamm und der Stadtpark zum See hin aufgefüllt. Konstanz entwickelt sich zu einem immer beliebteren Reiseziel, und dank des Bahnanschlusses können die Urlauber nun ohne Kutsche in großer Zahl direkt in die Stadt gelangen. All diese Entwicklungen lösen in Konstanz einen wirtschaftlichen Boom aus, was nach langer Zeit der Abwanderung endlich wieder zu einem kräftigen Bevölkerungszuwachs führt.

Mit der Gründung des Deutschen Reiches im Jahr 1871 wird dieser positive Effekt noch um ein Vielfaches verstärkt. In Seenähe entstehen prachtvolle Hotelbauten, während am Stadtrand neue Wohn- und Industriequartiere gebaut werden. Ein abruptes Ende dieser Boomzeit bringt für Konstanz der Erste Weltkrieg mit sich. Die Grenze zwischen der Schweiz und dem Deutschem Reich wird geschlossen, sodass die bisher engen Beziehungen zu Kreuzlingen und dem Thurgauer Umland abreißen.

Weimarer Republik, Nationalsozialismus und Zweiter Weltkrieg

Konstanz wird sich in den 20er Jahren seiner in wirtschaftlicher Hinsicht ungünstigen Randlage im Deutschen Reich bewusst und verspricht sich Abhilfe in der Schaffung einer neuen Auto- und Personenfährverbindung zum Nordufer des Sees. 1928 wird der Fährbetrieb Konstanz–Meersburg eröffnet.

Bei den letzten einigermaßen freien Wahlen am 5. März 1933 erreicht die NSDAP 34% in Konstanz. Obwohl sie weniger Stimmen erhalten hatten als erhofft, fühlen sich die Nationalsozialisten aufgrund der Gesamtstimmung im Deutschen Reich zur Machtübernahme autorisiert. Sie ersetzen den Oberbürgermeister Otto Moericke durch ein NSDAP-Mitglied und beginnen auf allen Ebenen, aggressiv gegen Andersdenkende vorzugehen. Bis 1938 existieren noch über 70 jüdische Geschäfte in Konstanz, aber immer mehr jüdische Bürger und politisch Verfolgte aus dem ganzen Reich fliehen beim Döbele und der Schwedenschanze in die nahe Schweiz. Anfangs wird diese Flucht von Konstanzer Seite geduldet, ja diese Art der „Ausschaffung" der Juden aus dem Reichsgebiet sogar gewünscht; es sind eher die Schweizer Behörden, die eine sich anbahnende Masseneinwanderung verhindern wollen. Nachdem ein Brandanschlag auf die Synagoge 1936 noch durch die Feuerwehr gelöscht wurde, wird das Gotteshaus in der Pogromnacht vom 9. November 1938 in Schutt und Asche gelegt, in der auch viele jüdische Geschäfte verwüstet werden. 1939 wird zwischen Kreuzlingen und Konstanz ein Grenzzaun gezogen und damit der Fluchtweg verschlossen. 1940 werden alle noch in der Stadt verbliebenen jüdischen Bürger zuerst nach Gurs in Südfrankreich verschleppt und anschließend in verschiedene Vernichtungslager deportiert und ermordet.

Im Zweiten Weltkrieg bleibt Konstanz von den alliierten Bomberangriffen verschont. Der Konstanzer Bürgermeister geht dabei äußerst trickreich vor. Er umgeht das verordnete Verdunklungsgebot und lässt nachts die Lichter des linksrheinischen Teils der Stadt brennen. Ein Wagnis, das glückt. Für die Bomberpiloten ist so bei Nacht der genaue Grenzverlauf zwischen Konstanz und Kreuzlingen nicht erkennbar. Auf Druck der Schweizer Regierung und aus Angst der Alliierten vor diplomatischen Verwicklungen mit den Eidgenossen wird nunmehr von einer Bombardierung der Grenzstadt ganz abgesehen.

Nach dem Zweiten Weltkrieg

Konstanz wird am 26. April 1945 von der 1. Französischen Armee praktisch kampflos und ohne irgendwelche Beschädigungen eingenommen. In der Nachkriegszeit gehört Konstanz in der französischen Besatzungszone zunächst zum Land Südbaden. Bei der 1951 durchgeführten Volksabstimmung in den drei Ländern „(Nord)Württemberg-Baden", „Württemberg-Hohenzollern und (Süd-)„Baden" votieren zwei Drittel der Konstanzer für den neuen Südweststaat. 1952 wird Konstanz Teil des neu gebildeten Bundeslandes Baden-Württemberg. Infolge der zunehmenden Mobilität durch Motorräder und Autos setzt in Deutschland gleichzeitig eine große Reisewelle ein, die Konstanz zunehmenden finanziellen Aufschwung bringt. Während anfangs der Campingurlaub dominiert, stehen ab 1951 fast alle von den Besatzungsmächten beschlagnahmten Hotels wieder zur Verfügung, die mit zunehmendem Wohlstand durch das einsetzende „Wirtschaftswunder" bald ausgebucht sind. Allerdings bringt der Aufschwung die Deutschen immer mehr in Fahrt, sodass sie mit ihren neuen Autos bald an Konstanz vorbei zu neuen Zielen jenseits der Alpen flitzen. Die Konstanzer Gastronomen und Hoteliers sehen die Entwicklung mit Bestürzung und müssen sich mehr und mehr auf Kurzurlauber und Tagestouristen einstellen. Um das inzwischen stark verschmutzte Bodenseewasser weiterhin als Trinkwasser nutzen zu können, wird 1963 endlich der Bau einer Kläranlage in Angriff genommen. Die wichtigste Neuerung der gesamten Nachkriegszeit ist 1966 die Gründung der Konstanzer Universität. Der Universitätscampus für

Konstanzer Universität

ca. 10 000 Studierende entsteht nach Übergangslösungen in den 1970er Jahren „auf der grünen Wiese" im Stadtteil Egg. Konstanz wird nun die südlichste Universitätsstadt Deutschlands. Die Anwesenheit zahlreicher Studierender und Wissenschaftler hat die Stadt seither spürbar verändert. 1996 wird mit Horst Frank erstmals in Deutschland ein Grüner zum Oberbürgermeister gewählt. 2005 wird trotz heftiger Einwände von Fischern, Seglern und Umweltschützern die Katamaran-Linie eröffnet, die Konstanz direkt mit der Industriemetropole Friedrichshafen und dem oberschwäbischen Hinterland verbindet. 2007 qualifiziert sich die national und international einen hervorragenden Ruf genießende Universität Konstanz im Rahmen der Exzellenzinitiative zur kleinsten und jüngsten Exzellenzuniversität. Im gleichen Jahr wird die Bodensee-Therme beim Strandbad Horn eröffnet und die Kunstgrenze eingeweiht, nachdem nach vielen Jahrzehnten endlich der Grenzzaun zwischen Konstanz und Kreuzlingen gefallen ist. 2010 verhindert eine Volksabstimmung den geplanten Bau eines Konzert- und Kongresshauses auf dem Gelände von „Klein Venedig".

Konstanz ist eine Stadt voller Sehenswürdigkeiten und geschichtlicher Besonderheiten, die man am besten zu Fuß entdeckt. Die folgenden Stadtrundgänge führen durch die unterschiedlichsten Stadtquartiere und zeigen die ganze Vielfalt dieser einzigartigen Stadt.

1 Gassenwelt: Zwischen imposanten Frauengestalten, alten Klöstern und urigen Häusern

Rundgang durch die nördliche Altstadt
mit der uralten Niederburg

Streckenlänge: 1,5 km

Wir beginnen diese Tour an einem der bedeutendsten historischen Bauwerke von Konstanz, dem **Konzilgebäude**. Der gewaltige Bau zwischen Bahngleisen und Gondelhafen wurde bereits 1388 direkt am Seeufer als Korn- und Warenhaus für den Handel vor allem mit Mailand errichtet, denn der Haupthandelsweg verlief damals über den Bodensee. Während des Konstanzer Konzils nutzte der Klerus die Räume 1417 als Konklave, d. h. hier wurden alle 53 Kardinäle und Gesandte in den dafür zuvor eingebauten kleinen Zellen eingeschlossen, bis sie nach drei Tagen den neuen Papst Martin V. gewählt hatten. Nach diesem kurzen sakralen Intermezzo diente das Gebäude den Kaufleuten wieder bis ins 19. Jahrhundert als Handels- und Messehaus. Von 1839 bis 1842 wurden die heutigen Hafenanlagen errichtet, wodurch sich das Seeufer von dem über 50 m langen und 24 m breiten Kaufhaus mit den beiden Kranerkern entfernte. In der Folgezeit wurde es für Konzertveranstaltungen und einen Restaurantbetrieb umgebaut.

An der Hafenmole zwischen Gondel- und Bundesbahnhafen dreht sich seit 1993 eine 9 m hohe und 18 t schwere Frauengestalt, die in der einen Hand einen kleinen König, in der anderen einen gnomenhaften Papst hält. Während die knapp und aufreizend bekleidete Dame in Größe und Ausstrahlung

Hafenimpressionen: Konzilgebäude mit Denkmal des Grafen von Zeppelin

eindeutig dominiert, geben Kaiser Sigismund und Papst Martin V. kümmerliche Figuren ab. Die **Imperia** des Bodenseekünstlers Peter Lenk versetzte bei ihrer Enthüllung Teile der Stadtbevölkerung in einen Schockzustand. Die empörten Rufe nach der unverzüglichen Beseitigung dieses „Schandflecks" verstummten erst nach Jahren. Was war geschehen? Peter Lenk hatte für sein provozierendes Kunstwerk, das er selbst das „Denkmal der Käuflichkeit" nennt, eine Geschichte aufgegriffen, die schon fast 600 Jahre zurück liegt. Während des Konzils Anfang des 15. Jahrhunderts reisten im Schlepptau der geistlichen und weltlichen Würdenträger auch viele Vertreterinnen des „ältesten Gewerbes" nach Konstanz. Für sein Kunstwerk ließ sich Lenk von Honoré de Balzacs Erzählung „La belle Impéria" inspirieren, in der sich die Kurtisane Imperia neben ihren Liebesdiensten auch als politische Beraterin hervorgetan haben soll. Bei Lenk wurde sie durch dieses Doppelspiel zur machtvollen Herrscherin über die Männerwelt.

In Konstanz beruhigten sich die Gemüter erst wieder, als man feststellte, dass vermutlich sogar Raffael die hochgebildete Imperia als Dichterin Sappho für den Vatikan gemalt hatte und sich das Kunstwerk inzwischen zu einem neuen Wahrzeichen und wichtigen Touristenmagneten für Konstanz entwickelt hatte. In unmittelbarer Nähe steht das in den 1920er Jahren errichtete Denkmal für den berühmten Sohn der Stadt, Ferdinand Graf von Zeppelin, dessen Darstellung als nackter Wieland der Schmied damals eine ähnliche Entrüstung verursacht haben soll wie die „Imperia".

Wir gehen nun durch den Stadtgarten in nördlicher Richtung weiter und kommen in den Susosteig. Der Weg führt entlang des Stadtgrabens, durch den das Seewasser zum Seerhein hin abwärts strömt. Auf der anderen Seite des glasklaren Wassergrabens liegt die Dominikanerinsel mit dem Inselhotel, dem ehemaligen Dominikanerkloster.

◄ *Wahrzeichen am Hafen: Imperia und Leuchtturm*

Die Dominikanerinsel, der kleine Athos von Konstanz Die durch den Stadtgraben vom „Festland" abgetrennte 1,8 ha große Insel wurde bereits um 1200 den Dominikanern übergeben. Um 1236 entstand darauf das erste Dominikanerkloster, das nur über ein Stadttor oder per Boot erreichbar war. Bald wurde es Wohn- und Lebensort Heinrich Seuses (latinisiert: Suso), eines der bekanntesten deutschsprachigen Mystiker. 1295 in Konstanz in der Hussenstraße geboren, trat er mit 13 Jahren in das Kloster auf der Insel ein. Er war begeisterter Anhänger des Mystikers Meister Eckhart und verfasste die beiden Traktate „Buch der Wahrheit" und „Büchlein der ewigen Weisheit", wobei er sich für sein zweites Werk beim Ordensgericht verantworten musste. Darüber hinaus wurde er auch wegen seines extrem asketischen Lebenswandels und den detaillierten Ausführungen zu seinen Selbstkasteiungsmethoden berühmt. In seiner in der dritten Person verfassten Vita schreibt er über sich: „Eine Zeit lang trug er ein Hemd aus Haaren und eine eiserne Kette, bis das Blut von ihm niederrann, so dass er gezwungen war, sie abzulegen. Er sorgte heimlich dafür, dass ein Untergewand für ihn gemacht wurde, und an dem Untergewand hatte er Lederstreifen befestigt, in die etwa 150 eherne Nägel, scharf zugespitzt und gefeilt, getrieben waren, und die Spitzen der Nägel waren stets auf das Fleisch gerichtet. [...] Darin pflegte er in der Nacht zu schlafen."

Perle des Mittelalters: Kreuzgang des Inselhotels

Das Kloster auf der Insel wurde 1785 durch den österreichischen Kaiser Joseph II. wie so viele andere Klöster in und um Konstanz aufgelöst, die Mönche von der Insel vertrieben. In den nächsten Jahrzehnten fand in den historischen Mauern die Genfer Industriellenfamilie Macaire ihre neue Heimat. Sie verwandelte den Konvent in eine Indienne-Textilfabrik, in der nun für viele Jahre Stoffe bedruckt wurden. 1838 erblickte in dem Kloster auf dem nun „Genfer Insel" genannten Eiland Graf Ferdinand von Zeppelin das Licht der Welt. Sein Bruder Eberhard ließ 30 Jahre später das Kloster zum Hotel umbauen. Das Kirchenschiff mit reichhaltigen früh- und hochgotischen Fresken wurde zum Festsaal, und die Mönchszellen verwandelten die Handwerker in Hotelzimmer. Besonders sehenswert ist der mittelalterliche Kreuzgang mit Wandbildern des späten 19. Jahrhunderts, auf denen die Klostergeschichte dargestellt wird. Er kann nach Voranmeldung oder im Rahmen von Führungen besichtigt werden – oder man wird Hotelgast. In den 1960er Jahren fand hier vorübergehend die neu gegründete Konstanzer Universität Unterschlupf, bevor auf dem Giesberg der neue Campus gebaut wurde.

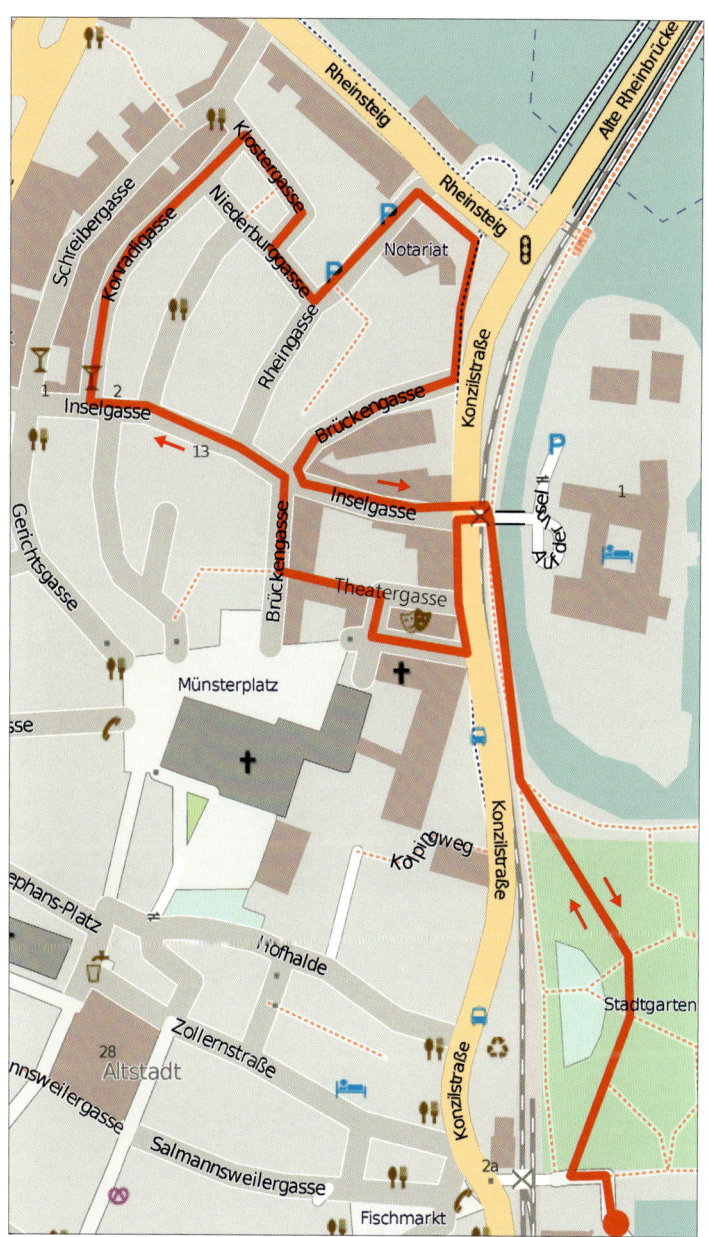

Am Bahnübergang bei der Hotelausfahrt queren wir Bahngleise und Konzilstraße und erreichen auf der anderen Seite den **Botzheim'schen Domherrenhof** mit einem alten Wandbrunnen und einem schmucken Renaissanceerker von 1626. 1522 beherbergte hier der Domherr Johann Botzheim den bekannten Humanisten Erasmus von Rotterdam. Wir spazieren nun auf der Hauptverkehrsstraße kurz nach links und erreichen nach wenigen Schritten das **Stadttheater**, das in dem 1610 erbauten ehemaligen Schulgebäude der Jesuiten untergebracht ist. Die traditionsreiche Bühne zählt

Zeichen für eine neue Zeit: Relief am Stadttheater

zu den ältesten bespielten Theatern des deutschen Sprachraumes. An der Außenfassade, zur Konzilstraße hin, ist ein außergewöhnliches Relief aus der Zeit um 1800 erhalten. Symbolhaft werden die mittelalterlichen Schauspieler mit ihren derben Stücken von der Theaterbühne gefegt, um Platz für die anmutigen Theatermusen im Hintergrund zu schaffen.

Wir folgen nach dem Theater der Gymnasiumsgasse in Richtung Altstadt bis zum östlichen Rand des Münsterplatzes, von wo man das beeindruckende Langhaus des Münsters überblicken kann. Auf der linken Seite befindet sich der Eingang zur barocken altkatholischen **Christuskirche**. Das zu Beginn des 17. Jahrhunderts als Jesuitenkirche St. Konrad neben dem dazugehörigen Konvent erbaute Gotteshaus besticht durch seine herrliche Innenausstattung in den Stilen der Spätrenaissance, des Barocks und des Rokokos und ist unbedingt eine Besichtigung wert. Anschließend wandern wir am Beginn des Münsterplatzes durch eine kurze Gasse nach rechts und gelangen so in die Theatergasse, in die wir nach links einbiegen. Kurz vor der Kreuzung mit der Brückengasse sehen wir auf der linken Seite St. Josef, den früheren Wohnsitz des Bischofs. Auf der rechten Seite steht das uralte Pfründhaus der Capella S. Margareta von 1240. Pfründhäuser gingen aus den Armenhospizen der Klöster hervor und boten im Mittelalter Wohnraum und Schutz für Bedürftige und alte Menschen.

Gemütliches Pflaster: Niederburg

Wir gehen die Brückengasse nach rechts, halten uns in der Inselgasse links und gelangen so in das älteste Konstanzer Stadtviertel, die **Niederburg**. Zwischen Rhein, Münsterplatz und Unterer Laube hat sich ein beschauliches Quartier mit engen Gassen und lauschigen Plätzen und Innenhöfen erhalten, dessen Häuser im Kern vielfach noch aus dem

Bezaubernder Winkel: Kreuzung mit der Konradigasse

13. Jahrhundert stammen. Überall trifft man auf gemütliche Kneipen, Weinlokale und Restaurants. Hinter den Fassaden durchzieht ein ganzes Labyrinth aus Feuergassen, Hinterhöfen und Abwassergräben, den sogenannten Wuoscht- oder Ehgräben, die Häuserfluchten. Dieser Bereich ist heute wie damals in privatem Besitz und meist nicht zugänglich.

Wir halten uns links und schlendern durch die Inselgasse bis zur Kreuzung mit der Konradigasse. Alte Steinhäuser wie das Haus „Zum Blaufuss" von 1351 oder der „Tettikofer Hof" von 1418 säumen das uralte Stadtsträßchen. Besonders beschaulich ist die kleine Tulengasse auf der rechten Seite mit teilweise eingewachsenen Häuschen und Mauern. Am Ende der Inselgasse, etwas außerhalb der Altstadt, sehen wir schräg links die dreiflügelige Anlage des 1267 erstmals erwähnten und 1612–1620 neu gebauten **Blarer'schen Domherrenhofes** mit schönem Renaissanceportal. Wir biegen nun nach rechts in die Konradigasse ein. Die dicht an dicht gebauten Häuser auf beiden Seiten der Straße stammen aus den unterschiedlichsten Epochen und sind für kunsthistorisch Interessierte eine wahre Augenweide. Nicht wenige Häuser – z. B. die ehemalige Domschule (Nr. 7) – stammen noch aus dem 13. Jahrhundert, und überall zieren alte Hausnamen wie „Zum Phasant" oder „Zum Federwisch" die schmucken Fassaden.

Am Ende der Straße, auf der gegenüberliegenden Seite der Klostergasse, stand früher das ehemalige **Dominikanerinnenkloster St. Peter an der Fahr**. Das aus einer Beginengemeinschaft hervorgegangene Frauenkloster an einer alten Fährverbindung über den Rhein musste sich 1785 gegen den Willen der Nonnen mit dem benachbarten Dominikanerinnenkloster Zoffingen vereinigen. Die Klausurgebäude wurden später für den Bau der Klosterschule, der heutigen „Mädchenschule Zoffingen", abgebrochen. Erhalten geblieben ist im Kern jedoch die ehemalige Klosterkirche (Klostergasse 4), die im 19. Jahrhundert zum Wohnhaus umgebaut wurde. An der nächsten Biegung geht es kurz nach rechts, dann folgen wir der Niederburggasse nach links durch die faszinierende Welt unterschiedlichster mittelalterlicher

Zeugen stolzer Vergangenheit: Rheintorturm und Dompropstei

Häuser wie der „Hinteren" und „Vorderen Reusche". Mal sind sie ganz aus Stein gebaut, mal zieren Fachwerkfassaden die alten Behausungen. Die Vergangenheit ist hier auf Schritt und Tritt spürbar. In der Rheingasse halten wir uns links und spazieren dann Richtung **Rheintorturm**. Die Konstanzer errichteten diesen Torturm im 13.–15. Jahrhundert zum Schutz ihres einzigen nördlichen Rheinübergangs über die große hölzerne Brücke aus der Altstadt heraus. Auf der rechten Seite erhebt sich die imposante **Dompropstei**. In diesem roten Bauwerk aus der Spätrenaissance und dem Barock residierten die Domherren von Hohenems ab dem frühen 17. Jahrhundert. Auch sein Inneres mit dem „Weißen Saal" oder der Maria-Magdalena-Kapelle geizt nicht mit barocker Pracht. Leider sind diese Räume nur im Rahmen von besonderen Führungen für die Öffentlichkeit zugänglich.

Nun geht es nach der Propstei nach rechts Richtung Konzilstraße. Wir kommen kurz in den Bereich außerhalb der Stadtmauer, gelangen aber über die Brückenstraße gleich wieder in die Altstadt, wo wir der wuchtigen mittelalterlichen Steinmauer mit zugemauerten frühgotischen Fenstern folgen. Sie gehört zum **Dominikanerinnenkloster Zoffingen**, das als einziges Konstanzer Kloster wegen seiner bereits 1775 gegründeten Klosterschule die Josephinische Säkularisation überstanden hat. Der Name geht auf den Domherrn Burkhard von Zofingen zurück, der einer bereits bestehenden Nonnengemeinschaft in der Mitte des 13. Jahrhunderts Haus und Gelände in der Niederburg schenkte und damit den Grundstein für den Bau des 1257 gegründeten Klosters legte. Die hübsche, im Kern noch aus dem 13. Jahrhundert stammende Klosterkirche St. Katharina wurde um 1665 barock umgestaltet und steht Besuchern offen. Gegenüber sehen wir das spätmittelalterliche „Haus zum Inful", in dem sich heute die Spitalkellerei befindet. In der Inselgasse halten wir uns links und gelangen so zurück zur Konzilstraße, über die wir wieder den Susosteig und somit auch den Ausgangspunkt am Konzilgebäude erreichen.

2 Sakralwelt: Von steinalten Hoch- und Laubenhäusern über ein Kurbad mit skurrilen Badegästen zur Schatzkammer Münsterplatz

Rundgang durch die mittlere Altstadt
mit der St. Stephanskirche und dem Münster

Streckenlänge: 800 m

Wir beginnen diese Tour am Fischmarkt, auf dem früher die Bodenseefischer ihren Fang Bürgern und Händlern feilboten. Heute wird der Platz durch den starken Verkehr auf der Konzilstraße empfindlich gestört und gleichzeitig, auch durch den Bahndamm, vom See abgeschnitten. An der Nordostecke des Platzes sehen wir, jenseits der Konzilstraße, das **Alte Konstanzer Rathaus**. Es stammt zwar aus dem 15. Jahrhundert, wurde in seiner Vergangenheit jedoch immer wieder gründlich umgebaut und 1848 um zwei Etagen aufgestockt. Die während der Renaissancezeit angebrachten kunstvollen Verzierungen wurden später wieder entfernt. Heute erinnert außer dem spätgotischen Portal mit dem Reichswappen, das von den Stadtheiligen Konrad und Pelagius flankiert wird, nichts mehr an die alte Pracht. Gegenüber, auf der westlichen Straßenseite, steht das ehemalige **Hotel Hecht**, das seit dem 15. Jahrhundert als Herberge registriert ist und zu den ältesten Konstanzer Gasthäusern zählt. Dem im Kern noch historischen Gebäude verpassten Maurer und Stuckateure Anfang des 20. Jahrhunderts ein neues Gewand, sodass man wie beim alten Rathaus keinen mittelalterlichen Bau mehr vermuten würde. Lange Zeit war dieser Platz bei den Konstanzern eine

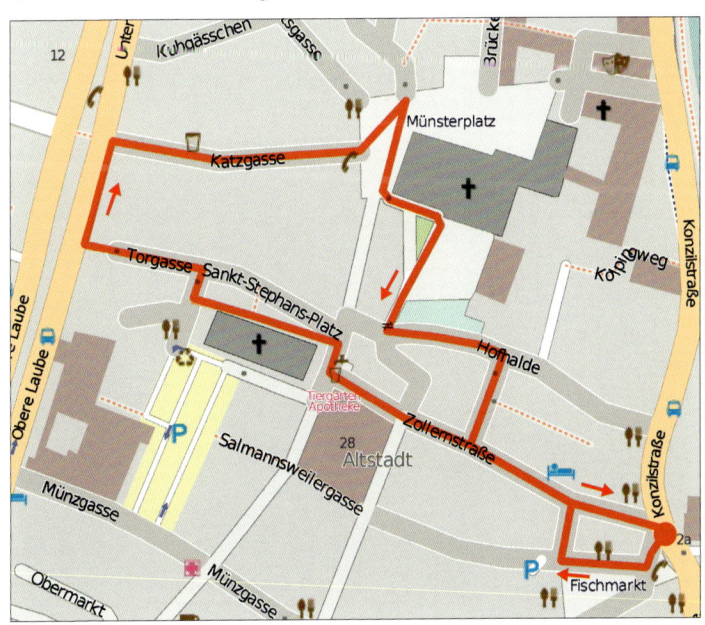

Konstanzer Trichter am Fischmarkt

beliebte Adresse, als hier noch die „Restauration Engstler" ihre Gäste im großen lauschigen Biergarten bewirtete, wo jeden Tag Musiker aufspielten. Man traf man sich im Schatten der Bäume zum Früh- und Dämmerschoppen und genoss dunkles Bockbier. Dazu wurde „Hecht blau mit Butter und Kartoffel" oder „Gans mit Salat und Compot" serviert. Wir gehen nun links am „Hecht" vorbei und spazieren über den Fischmarkt stadteinwärts. Das Plätschern des **Konstanzer Trichterbrunnens** der Konstanzer Künstler Ulli Blomeier-Zillich und Christoph Zillich erfüllt den im Sommer belebten Platz. Das Brunnen-Kunstwerk spielt auf die geografische Lage von Konstanz am Abfluss des Obersees in den Seerhein an.

Wir verlassen den ehemaligen Markt, bevor die Salmannsweihergasse beginnt, und kommen nach rechts in die Zollernstraße, auf der wir Richtung Innenstadt spazieren. Anfang des 19. Jahrhunderts hatte sich die berühmte badische Hofmalerin **Marie Ellenrieder** (1791–1863) das Gebäude Zollernstraße 2 als Wohnhaus mit Atelier auserwählt. Hochbegabt und selbstbewusst, erlangte sie als erste Frau die Zulassung zum Studium an der Kunstakademie München und wurde vor allem durch ihre hervorragenden Porträtmalereien der badischen und fürstenbergischen Herrscherfamilien bekannt. Zwei Häuser weiter, im Haus **Zum Guten Hirten** (Nr. 6) mit seinem aus der Zeit um 1608 stammenden Steinrelief gleichen Namens, lebte und arbeitete rund 200 Jahre zuvor der niederländische Bildhauer **Hans Morinck** (1555–1616). Durch die Nähe zum Hafen konnte er seine schweren sakralen

Steinrelief „Zum Guten Hirten"

Geschichtsträchtige Zollernstraße

Skulpturen und Steinreliefe ohne allzu viel Aufwand auf Lastkähne verfrachten, um sie zu Klöstern und Kirchen auf der anderen Seeseite zu bringen. Mittlerweile befindet sich in seiner Werkstatt eine Weinstube, und in den Wohnstuben stehen Hotelbetten.

Auf Grund der vielen Marktstände wurde die **Zollernstraße** lange Zeit als „Oberer Fischmarkt" genutzt. An den mittelalterlichen Häusern auf der Südseite sind heute noch die Reste der stolzen Laubengänge zu sehen, unter denen Kunden und Händler ihre Geschäfte in trockene Tücher bringen konnten. Besonders imponierend sind die eingewölbten Laubenbögen am Haus „Heidenkopf" von 1557 und dem fast archaisch erscheinenden Haus „Zum Hohen Gewölbe" von 1377. Die gegenüberliegende Straßenseite wird fast ganz von der üppig dekorierten Fassade des ehemaligen Verlagshauses „Friedrich Stadler" (Nr. 10) eingenommen. Ganz dem Zeitgeschmack des Historismus am Ende des 19. Jahrhunderts entsprechend, wurde hier nicht mit Stilelementen aus Gotik und Renaissance gegeizt. Wer interessante Einblicke in die manchmal recht bucklige Wohnwelt des Mittelalters bekommen möchte, dem sei ein Blick in das Schaufenster des Schuhgeschäfts in Haus Nr. 14 empfohlen.

Im wahrsten Sinne des Wortes der Höhepunkt der Straße ist sicherlich das **Hohe Haus**. Das wohl älteste mittelalterliche Hochhaus in Konstanz mit seinen schmalen frühgotischen Spitzbogenfenstern im Obergeschoss wurde bereits 1294 erbaut. Die 1935 angebrachten Darstellungen – z. B. die Fischmarktszene auf der Ostseite – sind Kopien eines mittelalterlichen Bilderzyklus des Konstanzer Konzils.

Wir gehen auf der Zollernstraße weiter und erreichen gegenüber der ältesten Konstanzer Apotheke, der seit 1567 bestehenden Tiergartenapotheke, die **St. Stephanskirche** am gleichnamigen Platz.

St. Stephan: stolze Bürgerkirche mit wechselvoller Geschichte Bei diesem imposanten Gotteshaus vermuten Historiker aufgrund der Lage außerhalb der Kastellmauern, des schon zu Römerzeiten populären Märtyrers Stefan und zahlreicher römischer Gräberfunde, dass es auf einen spätrömischen Sakralbau aus dem 3. Jahrhundert zurückgeht. Die 615 erstmals urkundlich erwähnte Kirche wurde im Laufe ihrer Geschichte immer wieder zerstört und neu aufgebaut. Während des Konstanzer Konzils war St. Stephan Tagungsort der „Rota Romana", des päpstlichen Gerichts. Im 15. Jahrhundert entwickelte sie sich zur Hauptkirche der Konstanzer Bürgerschaft und wurde mitsamt ihres imposanten Turmes bis 1486 im Stil der späten Gotik völlig umgebaut. Während der Reformation war die „Leutkirche" Zielscheibe von Bilderstürmern und verlor dadurch einen Großteil ihrer Kunstwerke. Um 1770 wurde sie barock umgestaltet. Aus dieser Zeit stammen noch Deckengemälde und die Orgel auf der Westempore. 1785 wurde der Friedhof auf dem heutigen St. Stephansplatz aufgegeben und nach und nach in einen städtischen Platz umgewandelt. Hier waren die letzten Ruhestätten des Bildhauers Morinck und des Vorarlberger Barockbaumeisters Peter Thumb. Im 19. Jahrhundert erinnerte man sich wieder an die gute alte Gotik und versah das Gotteshaus mit neogotischen Altären und Glasfenstern. Einige wertvolle Teile aus früherer Zeit wie das 1594 von Morinck geschaffene Sakramentshäuschen und das Chorgestühl mit fantasievoll geschnitzten Fabelwesen aus der Zeit um 1300 blieben erhalten.

Wir spazieren nun rechts an der Kirche vorbei und kommen zum mittelalterlichen Wohnturm „Zur vorderen Katz". Er entstand im Jahr 1000 als Wehrturm an der Stadtmauer und wurde später zum ersten Haus der Patrizierzunft „Zur Katz" umgebaut. Dem zweiten werden wir später noch begegnen. Wer hier ein Café mit lauschigem Gartenbereich mitten in der Altstadt sucht, dem sei das „Café Zeitlos" ca. 50 m links, südwestlich des Kirchenhaupteingangs, empfohlen. Wir verlassen nun den St. Stephansplatz und gelangen in die Torgasse, die nach einigen Schritten in einem Torbogen vor der Einmündung in die Laube endet. Vor dem Torbogen ragen riesige Finger einer **Schwurhand** aus dem Untergrund. Sie erinnern an die vielen Gerichtsverhandlungen in diesem Teil von Konstanz. Der Torbogen selbst ist Teil des aus dem 14. Jahrhundert stammenden **Lanzenhofs**, der nach den früheren Eigentümern, der Patrizierfamilie Lanz, benannt ist. Der prächtige Hof mit schönen Staffelgiebeln und zahlreichen gotischen Wandmalereien im Gebäudeinnern beherbergte während des Konzils die Gattin von König Sigismund und war von 1686 und 1698 sowie von 1713 bis 1715 Sitz der wegen der französischen Besetzung teilweise ausgelagerten Freiburger Universität. Das heute durch die Staatsanwaltschaft genutzte Bauwerk kann nur nach Voranmeldung besichtigt werden. In der verkehrsreichen Laube angekommen, fällt der Blick sofort auf die schrullig-exzentrischen Figuren des **Triumphbogens**, der auch als Laube- oder Lenkbrunnen bekannt ist. Für dieses außergewöhnliche Kunstwerk des Konstanzer Künstlers Peter Lenk (→ Rundgang 1) sollte man sich etwas Zeit zum Betrachten gönnen.

Das 1991 als Allegorie auf einen Triumphbogen entstandene Werk ist voller satirischer Anspielungen auf aktuelle und geschichtliche Themen. Eigentlich sind es vier Brunnenbecken, die durch den antikisierenden Triumphbogen zu einem Ganzen zusammengefügt werden. Der Brunnen als „locus amoenus", die Laube – eine der meistbefahrenen Straßen von Konstanz – als „Kurbad

Skurrile Welt am Brunnen vor dem Tore: der Konstanzer Triumphbogen von Peter Lenk

Laube", in dem sich wohlbeleibte Senioren in derb-dreisten Posen von der Hektik des modernen Alltags erholen. An dem eigentümlichen Kunstgebilde geben sich verführerische Schönheiten, coole Motorrad- und Autofahrer, Tiere mit menschlichem Antlitz, abgasgeplagte Engel und ein Papst im Papamobil ein außergewöhnliches Stelldichein. Die rund 30 teilweise recht skurrilen Gestalten wie das „Erdferkel mit bebrilltem Aufblick" oder der „Stoische Affe" versetzen den Betrachter ins Staunen.

Der Künstler Peter Lenk gab seinem Kunstwerk eine passende Gebrauchsanweisung mit: „Unbeeindruckt sitzen sie im flachen Wasser. Ein Rocker spuckt auf sie herunter und Kleinkinder drehen begeistert ihre Runden. Selbst der Teddy fährt. Nicht mehr Mama und Papa sind die ersten Worte, sondern Auto-Auto. Aus einem Whirlpool lockt Konstanze – die Fischerin vom Bodensee, an der Angel mehrere Erdferkel. Motorradfahrer und Reiter erliegen dem Geschwindigkeitsrausch, während die richtigen Affen ruhig bleiben. Ganz oben die tapferen himmlischen Heerscharen. Ein mittelalterlicher Papst, der mit drei Hübschlerinnen aus der Kutsche fällt, ein zeitgenössischer Papst, der uns aus seinem Papamobil heraus segnet, zwei Bischöfe, die dem Charme Amors nicht erliegen. Auf den Zinnen Eulen, Raben und Engel. Über sie hinweg, an Ihnen vorbei, braust der wirkliche Verkehr, im Rhythmus unserer Zeit. Bitte anschnallen!"

Obwohl es vielleicht schwer fällt, sich von dieser kuriosen Figurenwelt zu lösen, spazieren wir wieder zurück in Richtung ehemalige Stadtmauer und folgen der Laube, vorbei am Lanzenhof, einige Schritte ostwärts. An der nächsten Möglichkeit halten wir uns rechts, biegen in die Katzgasse ein und gehen so direkt auf das Westwerk des Münsters zu. Eine besondere Attraktion der Gasse ist das Geschlechterhaus **Zur Katz** (Nr. 3), das einstige Domizil der berühmten Konstanzer Patriziergesellschaft „Zur Katz" von 1424. Sein Vorgänger, das Haus „Zur vorderen Katz", steht noch heute bei der St. Stephanskirche. Das „neue" Haus wurde nach dem Vorbild des Florentiner „Palazzo Vecchio" im Buckelquaderstil gebaut und gilt als ältester bürgerlicher Renaissancebau nördlich der Alpen. Ursprünglich als repräsentativer Fest- und Versammlungsort verwendet, ist es heute mit seinen eindrucksvoll gebogenen Balkenträgern im Inneren eines der prachtvollsten Bürgergebäude der Konstanzer Altstadt und nun Teil des neuen Kulturzentrums. Auch das Nachbarhaus (Nr. 5) ist für die Konstanzer Geschichte bedeutend, wurde hier doch am 4. April 1492 der Konstanzer Reformator Ambrosius Blarer geboren. Schließlich erreichen wir den Münsterplatz, der fast ganz vom dem wuchtigen romanisch-gotischen Westwerk des Münsters eingenommen wird. Die massige Wand aus grauem Sandstein wird nur durch die kunstvollen Steinmetzarbeiten der Welserkapelle und einzelne gotische Fensterdurchbrüche aufgelockert. Links davor bietet seit 2003

Im Zenit der Geschichte: Blick auf Glaspyramide und Welserkapelle

mitten auf dem Platz eine kleine **Glaspyramide** interessante Einblicke in die Anfänge der Stadt als römisches Kastell Constantia. Bei jüngsten archäologischen Grabungen auf dem Münsterplatz wurden Teile der spätrömischen Festungsanlage mit Mauer und Eckturm aus dem 4. Jahrhundert freigelegt und hier für Interessierte sichtbar gemacht. Sie können auch im Rahmen von Führungen unterirdisch begangen werden.

Die West- und Nordseite des Münsterplatzes wird noch immer von den Fassaden der zahlreichen Domherrenhöfe beherrscht, denn die Mitglieder des Domkapitels wohnten gerne in der Nähe ihrer Kathedrale. Der Bischof selbst bevorzugte seit der vorübergehend eingeführten Reformation seine behaglichen Räumlichkeiten in Meersburg. Ein Gebäudeensemble, das auch von innen besichtigt werden kann, ist das **Kulturzentrum am Münster**. Es wurde in jüngster Zeit aus mehreren mittelalterlichen Häusern durch einen Neubau als Sitz zahlreicher Vereine zusammengefügt und bietet Raum für die unterschiedlichsten Ausstellungen und kulturellen Veranstaltungen. Sehenswert ist der Eingangsbereich mit spätmittelalterlichen Wandmalereien, der romanische Wohnturm im Innenhof des Kulturzentrums sowie das sogenannte „Wessenberghaus", das 1617 durch das Zusammenfassen mehrerer älterer Wohnhäuser entstanden ist. Letzter Bewohner und Namensgeber war der Generalvikar und letzte Bistumsverweser **Ignaz Heinrich von Wessenberg** (1774–1860). Dem durch das Intervenieren des Papstes verhinderten Erzbischof von Freiburg verdankt Konstanz dessen große Gemäldesammlung und Privatbibliothek mit über 20 000 Bänden. Das eindrucksvolle Haus be-

Beindruckende Kulisse: Westwerk des Münsters

herbergt heute die „Wessenberggalerie" mit wechselnden Ausstellungen von Meisterwerken aus dem 16. bis 20. Jahrhundert. Ebenfalls am Münsterplatz steht das von außen ganz unscheinbare Haus **Zur Kunkel** (Nr. 5), das im Inneren mit einer Fülle an gut erhaltenen Wandmalereien aus dem 13. und dem frühen 14. Jahrhundert jeden Interessierten in Begeisterung versetzt. Konstanz gilt heute als die am reichsten mit Wandmalereien ausgestattete Stadt des deutschen Sprachraumes. In den „Weberfresken" wird ganz profan die Herstellung und Verarbeitung von Leinwand dargestellt. Ein anderer Freskenzyklus im zweiten Obergeschoss zeigt Szenen aus Wolfram von Eschenbachs „Parzival", in einem weiteren haben unbekannte Künstler die Sinnesorgane des Menschen und Samsons Kampf mit dem Löwen abgebildet, und die Hofeinfahrt zeigt den Kampf der Tugenden gegen die Laster. Das einzigartige Haus gehörte ursprünglich einem Kleriker der ehemaligen Stiftskirche St. Johann, die 1813 profaniert wurde. Die Teilnahme an einer Führung ist empfehlenswert.

Informationen dazu erhält man im benachbarten Kulturzentrum. Vom Haus „Zur Kunkel" hat man einen schönen Blick auf den östlichen Teil des Münsterplatzes mit den beiden noch erhaltenen Kreuzgangflügeln des Münsters, dem mächtigen Langhaus des Münsters, dem ursprünglichen Wohnhof des Bischofs „St. Josef" und der Christuskirche (→ Tour 1). Schaut man von hier durch die St.-Johann-Gasse, so lugt zwischen den Hausgiebeln die ehemalige Kirche St. Johann hervor. Nur wenige Schritte weiter, und wir stehen vor dem Hauptportal des Münsters. Wir stürzen aber nicht gleich in das Gotteshaus. Auch sein Äußeres mit der filigranen Welserkapelle, den unheimlichen Wasserspeierwesen und den prächtig geschnitzten Holztüren von 1470 verdient mehr als einen Blick!

Meisterwerk der Schnitzkunst: Mittelalterliche Holztüren am Hauptportal

Konstanzer Münster: ein sakrales Kunstwerk im Mittelpunkt Europas

Kurzer geschichtlicher Überblick Die Geschichte des Konstanzer Münsters Unserer Lieben Frau ist von je her eng mit der Geschichte des um 600 gegründeten Bistums von Konstanz verbunden, bis zu seiner Auflösung 1821 das größte Bistum nördlich der Alpen. Die Schutzheiligen der „Basilica minor" sind die Jungfrau Maria und die Patrone des ehemaligen Bistums Konstanz, Pelagius und Konrad von Konstanz. Das Münster war somit für gut zwölf Jahrhunderte Bischofsdom und diente während des Konzils (1414–1418) als Sitzungssaal. Vermutlich errichteten die eingewanderten Alemannen bereits im 6. Jahrhundert auf diesem Platz zwischen den Ruinen des römischen Kastells Constantia eine erste Basilika. Anfang des 10. Jahrhundert wurde die Mauritiusrotunde erbaut, und kurz darauf begann unter Bischof Lambert der Bau des Münsters in seiner heutigen Form als große dreischiffige Säulenbasilika mit kreuzförmigem Grundriss, nachdem das Langhaus des alten Kirchengebäudes eingestürzt war. Das mächtige Westwerk entstand im 12. und frühen 13. Jahrhundert. In der Folgezeit wurden weitere Kapellen angebaut und ab 1423 kam es durch den Einbau von Maßwerkfenstern und Einwölbungen zur gotischen Umgestaltung. Ein wichtiger Einschnitt in der Geschichte des Kirchenbaus wurde das Jahr 1526. Konstanz führte die Reformation ein, und der Bischof verließ mitsamt dem Domkapitel die Stadt. Viele Altäre wurden Opfer von aufgebrachten Bilderstürmern, und weitere geplante Bauprojekte wie beispielsweise ein Turm nach dem Vorbild des Freiburger Münsters kamen nicht mehr zur Ausführung. Erst nach der nicht ganz freiwillig durchgeführten Gegenreformation setzte der Klerus wieder zahlreiche Ideen für weitere Umbauten in die Tat um, die erst 1853 mit der Fertigstellung des neugotischen Turmaufsatzes auf dem Westwerk ihr Ende fanden.

Kleiner Münsterrundgang Betritt man die Kathedrale durch das spätgotische Doppelportal, so fällt der Blick zunächst auf die 16 romanischen Monolithsäulen aus dem 11. Jahrhundert, auf denen die erst im 17. Jahrhundert eingezogenen Gewölbe ruhen. Den Abschluss des langen Hauptschiffes bildet der Ende des 18. Jahrhunderts klassizistisch umgestaltete Ostchor mit Hochaltar, der heute im

Kirchenschiff des Münsters

sonst eher mittelalterlich geprägten Kirchenraum fast wie ein Fremdkörper wirkt. Die zahlreichen Kapellen der Seitenschiffe stammen aus dem 15. Jahrhundert. Ihre Innenausstattung und Glasfenster sind meist Werke des 18. und 19. Jahrhunderts. Besondere Schmuckstücke sind die Welserkapelle (links vom Haupteingang), ein wahres Meisterwerk spätgotischer Steinmetzkunst, sowie die in den ausladenden Formen der frühen Renaissance geschaffene Orgelempore mit der gewaltigen Orgel aus derselben Zeit. Es gibt im Konstanzer Münster viele offensichtliche und versteckte Sehenswürdigkeiten zu entdecken: Unbedingt ansehen sollte man sich das gotische Chorgestühl und den sechseckigen Treppenturm „Schnegg" von 1438, neben einer spätgotischen Darstellung des „Marientodes" im nördlichen Querschiff, dem Thomaschor. Eine fast tragikomische Geschichte verbindet sich mit der hölzernen Schnitzfigur des „Urvaters Abraham", der die 1680 geschaffene Kanzel „trägt". Im 18. Jahrhundert verdächtigten katholische Gläubige diese Figur mit einem Mal als eine Darstellung des „Ketzers" Jan Hus und malträtierten die „elende hölzerne Mannsfigur" immer wieder mit Eisennägeln. Die Beschädigungen sind bis heute erkennbar. Neben dem eigentlichen Kirchenraum beherbergt das Münster zahlreiche weitere sehenswerte Räumlichkeiten, die man unbedingt besuchen sollte. Sie sind über den Thomaschor erreichbar, von dem man zuerst in die Konradikapelle gelangt. Sie birgt ein besonderes Kunstwerk, den „Bockstorfer Altar" von 1524, der den Konstanzer Meistern Christoph Bocksdorfer oder Matthäus Gutrecht zugeschrieben wird. Der Kreuzigungsaltar hatte als einziger den Bildersturm unbeschadet überstanden. Unter der Kapelle befindet sich das Grab des heilig gesprochenen Bischofs Konrad von Konstanz, das bereits kurz nach seinem Tod wichtiges Pilgerziel wurde.

Von hier öffnet sich auf der rechten Seite ein Durchgang zu den ältesten Räumen des Münsters. In der archaisch anmutenden Krypta aus dem 9./10. Jahrhundert sind vier originale Goldscheiben aufgestellt, die von der Kirchenaußenwand stammen und in ihrer Art einzigartig sind. Die größte Scheibe, die „Maiestas Domini" mit der majestätischen Darstellung von Christus, stammt aus der Zeit um 1000. Die anderen stellen Pelagius, Konrad und den Evangelisten Johannes, symbolisiert als Adler, dar.

*Einzigartiger Kunstschatz:
Die Maiestas Domini in der Krypta*

Das Pelagiusgrab mit den Gebeinen des Heiligen stammt von 904, nachdem Bischof Salomon III. sie nach Konstanz umbetten ließ. Nachdem wir die Krypta besichtigt haben, gehen wir wieder zurück zur Konradikapelle. Durch eine alte Holztüre auf der Nordseite gelangen wir von hier in den gotischen Kreuzgang, von dem noch zwei Flügel erhalten sind. Während die frühgotischen Fenster im Südflügel etwas einfacher, dafür aber mit schönen Rosettenfenstern im oberen Spitzbogen gestaltet sind, besitzen die großen hochgotischen Fenster des Ostflügels aufwendigste Maßwerkformen. Die beiden anderen Flügel wurden bei einem Brand im 19. Jahrhundert zerstört und anschließend abgebrochen. Über eine Tür im Kreuzgang gelangt man zur vielleicht größten Kostbarkeit des Münsters, der Mauritiusrotunde, welche Bischof Konrad 940 mit dem Heiligen Grab für die Pilger erbauen ließ.

Sakrale Kostbarkeit: Rotunde mit dem Heiligen Grab

Vorbild war der zentrale Bau der Jerusalemer Grabeskirche. Diejenigen Pilger, die sich die weite Reise bis ins Heilige Land nicht leisten konnten, umkreisen stattdessen das Grab dreimal. Die Kapelle war darüber hinaus eine wichtige Station der Jakobspilger, deren Weg direkt an der Kapelle vorbeiführte. In der Mitte des runden Baus thront das 4,65 m hohe Heilige Grab mit reichen, filigran ausgeführten Bildhauerarbeiten. Es wurde 1260 anstelle des alten Grabes in den Formen einer kleinen gotischen Kathedrale geschaffen. Zwischen der zinnenartigen Dachbrüstung mit gotischen Dreipässen stehen würdevoll die kunstfertig aus Sandstein gehauenen Figuren der zwölf Apostel. Rings um das Heilige Grab werden zwölf Szenen aus der Weihnachtsgeschichte figürlich dargestellt, und im Inneren finden sich Darstellungen aus der Ostergeschichte. Im Zentrum steht seit 1552 ein Holzschrein, der vermutlich einen beim Bildersturm zerstörten Silberschrein ersetzt.

Links vom Hauptportal, noch im Kircheninneren, hat man die Möglichkeit, den Münsterturm mit seinen 193 Stufen gegen eine Gebühr zu besteigen. Die Mühe wird bei klarem Wetter mit einem grandiosen Rundblick auf den weiten See mit seinen zahlreichen weißen Booten, die Schweizer Alpen, Meersburg, die Hegauberge und nicht zuletzt auf die faszinierende Dachlandschaft der Konstanzer Altstadt belohnt.

Turmblick auf verborgene Paradiese hoch über den engen Gassen der Altstadt

Wir schreiten nun südlich vom Münster über den leicht erhöhten Pfalzgarten mit der barocken Mariensäule. Eine grüne Oase der Ruhe mitten im lebhaften Zentrum der Altstadt. Von hier aus hat man einen herrlichen Blick auf die Südseite des Münsters mit dem bemalten lombardischen Fries entlang der Dachtraufe, dem grün schimmernden Dachreiter und der gotisch umgestalteten Giebelfront des Querschiffs. Nun folgen wir für kurze Zeit dem Schwabenweg in südliche Richtung. Es ist der Abschnitt des Jakobsweges, der durch das Gebiet des alten Herzogtums Schwaben führte. Auf dem alten Fernweg zogen die Pilgerströme über das Kloster Einsiedeln und das Berner Oberland Richtung Santiago de Compostela.

Beim Einbiegen in die Hofhalde lohnt sich ein kurzer Blick nach Westen auf das wohl schmalste Haus in der Konstanzer Altstadt, das Haus „Zur Wage" von 1273. Über die Hofhalde und die Vordere Haldenstraße gelangen wir in die Zollernstraße. Dieses Wohnviertel ist wenig saniert, hat aber mit seinen manchmal bröckelnden Wänden und maroden Fenstern dennoch seinen eigenen Charme und vermittelt in etwa den Zustand der Altstadt vor 40 Jahren. Einige Stein- und Fachwerkhäuser wie das Haus „Zum Silbrin Mond" von 1539 oder das Haus „Zum vorderen Tanz" von 1490 mit einem schönen spätgotischen Eingangsportal erinnern an das hohe Alter auch dieser Altstadtgasse. In der Zollernstraße halten wir uns links und erreichen nach wenigen Schritten wieder den Ausgangspunkt Fischmarkt.

Faszinierende Formenvielfalt: die Konstanzer Altstadt mit dem Haus „Zur Wage"

3 Geschäftswelt: Vorbei an Telegrafengöttern, Wasser speienden Seehasen und Einkaufstempeln zum alten Quartier der Hirten und Tagelöhner

Rundgang durch die facettenreiche Welt der südlichen Altstadt und Stadelhofen

Streckenlänge: 1,4 km

Wir beginnen diesen Rundgang am unteren Ende der Markstätte, einem der größten und belebtesten Plätze der Altstadt. An schönen Tagen wuseln hier Scharen von Menschen aus aller Herren Länder auf und ab, und es geht zwischen den voll belegten Tischen der italienischen Restaurants manchmal zu wie auf der Piazza Narvona in Rom. Allerdings sind hier die Gebäude und der Brunnen weniger spektakulär, dafür die Preise moderater. Von Osten her hat der Platz durch die Unterführung direkten Zugang zum Hafen, wenn auch der Blick auf den See fast völlig versperrt ist. Die Südseite wird vom schlossartigen Komplex der 1891 als **Reichspostdirektion** erbauten Sparkasse dominiert. Mit seinen beiden Kuppeltürmen und der prächtigen Neorenaissancefassade ist es eines der imposantesten Konstanzer Geschäftsgebäude. Betrachtet man den Figurenschmuck an den verschiedenen Fassadenseiten genauer, fällt auf, dass sich die damaligen Bildhauer und Architekten neben der Pflege traditioneller Stilformen auch ganz originale Elemente einfallen ließen. So hält eine der antiken Gottheiten einen Telefonhörer in der Hand, andere wuchten Telegrafenmasten oder tun sonstige Dinge, die man von ihnen eigentlich nicht erwarten würde. Zahlreiche exotische Köpfe repräsentieren die Kontinente, mit denen man damals telefonisch in Verbindung treten konnte. Links davon ragt an der Konzilstraße, vor dem neuen Einkaufszentrum LAGO, der schlanke Uhrenturm des 1863 nach italienischen

Schlossarchitektur an der Markstätte: die ehemalige Reichspostdirektion

Exotische Skulpturenwelt am Postamt ▶

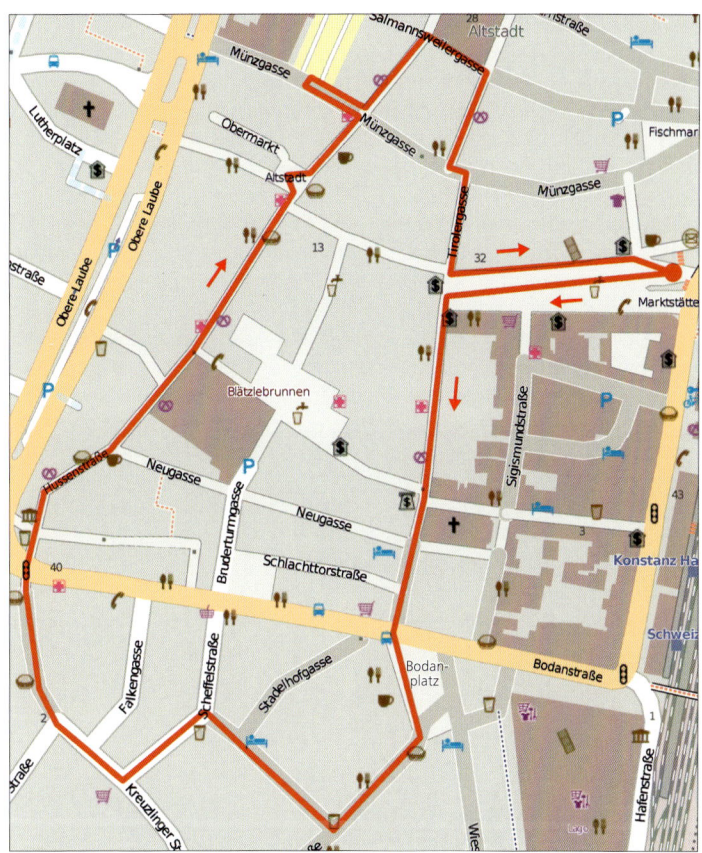

Vorbildern erbauten **Konstanzer Bahnhofes** grazil in die Höhe. Vorbild dafür soll der Campanile des Palazzo Vecchio in Florenz gewesen sein, zu dem die Konstanzer wohl eine besondere Affinität besaßen (→ Tour 2). Nachdem das Stationsgebäude jahrelang vor sich hin gammelte, wurde es 2009 aufwendig renoviert und auf den neuesten Stand gebracht, sodass die Turmuhren nachts in modernster LED-Technik erstrahlen.

Auf der Nordseite des alten Hafenmarktes steht das ehemalige **Hotel Krone**, das 1895 mit einer Fassade im französischen Louis-quinze-Stil ausgestattet wurde. Es ist ein Beispiel prachtvoller Hotelarchitektur, als die europäische „Belle Epoque" Konstanz als Urlaubsziel entdeckte. Daneben befindet sich das ehemalige **Bürgerspital Zum Heiligen Geist** (Nr. 4), das 1225 gegründet wurde. Von dem alten Bauwerk blieb äußerlich fast nichts übrig, aber in den jetzigen Wohn- und Geschäftskomplex wurden einige Mauern des Vorgängerbaus integriert. So erblickt man in der Schalterhalle der Post AG statt moderner Kunst ganz unerwartet originale mittelalterliche Wandmalereien. Wir gehen über den Platz in Richtung Westen und kommen am Haus **Zum Goldenen Adler** vorbei. Das einstige „Hôtel de l'Aigle" und heutige Bankgebäude war früher bei Gästen mit Rang und Namen beliebt. Neben Johann Wolfgang von Goethe logierte hier auch Prinz Louis Napoleon Bonaparte, der spätere Kaiser Napoleon III. Seither bildet ein nach Südwesten blickender goldener napoleonischer Adler die Spitze des imposanten Erkers.

Im oberen Teil der Markstätte haben sich einige schöne hochmittelalterliche Wohnhäuser erhalten, z. B. das Haus „Zum Roten Korb" von 1384 mit zierlichem gotischen Steinerker oder das Haus „Zum Roten Adler" von 1303. Am oberen Ende des alten Marktes stoßen wir auf den originellen **Kaiserbrunnen**. Das 1897 geschaffene patriotische Sandsteinwerk mit den Statuen aller in Konstanz weilenden Kaiser verlor während des Zweiten Weltkriegs seinen kompletten Figurenschmuck. 1990 erwachte der geplünderte Brunnen wieder zum Leben, als das Künstlerehepaar Rumpf die Kaiserbildnisse karikaturistisch wiedererstehen ließen. Barbarossa blickt zum See, Maximilian verweist auf seine Gattin Bianca Maria Sforza, die er nach dem Reichstag von 1507 angeblich als Schuldpfand in der Stadt zurückgelassen haben soll. Sie werden von komischen Skulpturen wie Wasser speienden Seehasen, einem dreiköpfigen Pfau mit drei Papstkronen und weiteren Figuren umringt, die satirisch auf die Konzilszeit und die Stadtgeschichte anspielen,.

Gelungene Symbiose aus Alt und Neu: der Kaiserbrunnen, im Hintergrund das Haus „Zum Wolf"

Wir biegen nun nach links in die Rosgartenstraße ein. Rechter Hand steht das einzige Konstanzer Haus mit Rokokofassade. Das 1774 erbaute Haus **Zum Wolf** fällt nur deshalb in Konstanz völlig aus dem Rahmen, weil die Stadt im 18. Jahrhundert derart verarmt war, dass sich fast niemand einen Neubau im neuen Stil leisten konnte. Original erhalten blieb auch die hölzerne Rokokotüre am Hauseingang. Im schräg gegenüber liegenden mittelalterlichen Zunfthaus „Zum Rosengarten" befindet sich heute die wohl bedeutendste kunst- und kulturgeschichtliche Sammlung des Bodenseeraumes, das **Rosgartenmuseum**. Seine Gründung geht auf den engagierten Apotheker Ludwig Leiner zurück, dessen Sammeleifer im 19. Jahrhundert die unterschiedlichsten historischen Kostbarkeiten für die Nachwelt gerettet hat. Das Haus selbst hat während seiner langen Geschichte schon einiges erlebt: Anfangs war es Zunfthaus der Metzger, Apotheker und Krämer, dann Trinkhalle, daraufhin zogen Soldaten ein, später wurde es als Schule für jüdische Kinder und schließlich als Depot einer Seifensiederei genutzt. Wir gehen die Straße in südlicher Richtung weiter. Auf der rechten Seite

Außergewöhnlicher Blickfang: die Rosgartenapotheke

zieht ein imposantes Jugendstilhaus mit seinen kuriosen Turmaufbauten das Augenmerk auf sich. Die 1907 von Architekt Hans Dahme erbaute **Rosgartenapotheke** ist eines der außergewöhnlichsten Jugendstilgebäude in der Altstadt. Durch einen Straßenknick der Rosgartenstraße geschickt in Szene gesetzt, umringen sechs lebensgroße Frauengestalten mit feierlich ernsten Mienen und Kränzen in den Händen den eigenwillig gestalteten Turmhelm aus Metall.

Am oberen Ende des Giebels blickt ein geheimnisvolles Antlitz mit kraftvollen, sphinxähnlichen Gesichtszügen auf die gegenüberliegende Straßenseite.

> **Jugendstil in Konstanz** Die von England Ende des 19. Jahrhunderts auf den Kontinent herübergeschwappte Stilrichtung mit ihren eigenartig geschwungenen Linien, floralen und geometrischen Ornamenten, flächenhafter Malerei sowie einer Stilisierung der menschlichen Gestalt war eine Revolte gegen die erstarrten Architektur- und Stilformen der durch den Historismus geprägten Gründerzeit. In Deutschland setzte sich hierfür die Bezeichnung „Jugendstil" durch, da sich die ab 1896 erscheinende Zeitschrift „Jugend" ganz dem neuen Stil und Lebensgefühl verschrieben hatte. In Konstanz bildet diese neue Stilrichtung zwischen der dominierenden mittelalterlichen Bausubstanz und den historisierenden Bauwerken der Gründerzeit eher eine Randerscheinung. Besonders durch die auffälligen, fast provozierenden Werke des Architekten Hans Dahme wie beispielsweise das Kramerhaus (→ Tour 4) oder das Gebäude Conrad-Gröber-Straße 6 (→ Tour 6) stößt man aber auch in Konstanz immer wieder auf brillante Beispiele der Jugendstilarchitektur.

Viele Gebäude in diesem Teil der Stadt zwischen Marktstätte, Rosgartenstraße und Bahnhof gehörten früher jüdischen Geschäftsleuten, die sich hier ab 1862 niederlassen konnten. Damals führte das liberal regierte Großherzogtum Baden als erster deutscher Staat endlich die uneingeschränkte Gleichberechtigung der jüdischen Mitbürger ein, und die Juden konnten seit ihrer Vertreibung 1537 wieder eine eigene Gemeinde mit Synagoge in Konstanz gründen. Nach einigen Schritten stehen wir vor der **Dreifaltigkeitskirche**. Die dreischiffige barockisierte gotische Basilika entstand ab 1268 als Klosterkirche der Augustiner-Eremiten und wurde 1740 barock

Prächtige Geschäftsstraße: links das ehemalige jüdische Schuhgeschäft Bottina

umgestaltet. Eine Kostbarkeit sind die von König Sigismund aus Dankbarkeit gestifteten Wandfresken aus der Konzilszeit, als er Gast im Kloster war. An der Nordwand des Mittelschiffs ist der 1419 zum Kaiser gekrönte Sigismund selbst abgebildet. Weitere Bilder zeigen Szenen aus der Geschichte des Ordens und Vorfahren Sigismunds aus Luxemburg und Aquitanien. Östlich der Kirche stand bis zu ihrer Zerstörung am 10. November 1938 die 1883 eingeweihte **Synagoge**. Schräg hinter dem Chor steht heute eine schwarze Gedenkstele. Sie erinnert an die Namen der 108 jüdischen Konstanzer Bürger, die 1940 ins südfranzösische Internierungslager Gurs deportiert und später in verschiedenen Vernichtungslagern ermordet wurden.

Wir folgen weiter der Rosgartenstraße und kommen an historischen Geschäftshäusern der letzten Jahrhundertwende vorbei. Viele der Häuser gehörten vor dem Zweiten Weltkrieg jüdischen Geschäftsleuten. Sie waren ab der Reichspogromnacht am 9. November 1938 schutzlos der Willkür der Nazis ausgeliefert und verloren bald darauf ihren Besitz und häufig auch ihr Leben.

Nach kurzer Zeit erreichen wir die breite Bodanstraße, die wir am Fußgängerüberweg queren. Auf der anderen Seite befindet sich der hübsch eingegrünte Bodanplatz. Der im Mittelalter mit Gras bewachsene Rindermarkt erhielt erst im 16./17. Jahrhundert eine Pflasterung. Heute erinnert der Brunnen mit dem **Metzgerle**, dem Symbol der Metzgerzunft, was viele Rinder auf diesem Platz zu erwarten hatten. Wir befinden uns im Stadtteil **Stadel-**

hofen, dem einstigen Quartier der Viehhirten, Schlachter, Handwerker und Tagelöhner, die hier zwischen Rindertor, innerem Stadtgraben und äußerem Stadtmauerring lebten.

Es geht nun von dem roten „Hotel Hirschen" nach rechts in südwestlicher Richtung weiter. Wir gelangen in die Hüetlinstraße, die bereits 1312 urkundlich erwähnt wurde. Die ehemalige Rossgasse ist heute ein ruhiges Pflaster mit charmanten, in verschiedenen Farben gehaltenen Häuschen aus den unterschiedlichsten Epochen. Die meisten Wohnhäuser sind aber nicht ganz so alt wie in der Altstadt und stammen aus dem 17. Jahrhundert. In der Zogelmannstraße, mit weiteren schönen gründerzeitlichen, ebenfalls bunt angestrichenen Stadthäusern und einigen Straßenbäumen halten wir uns rechts und gelangen so in die Scheffelstraße. An der Kreuzung entdeckt man auf dem Erker des Hauses Nr. 8 eine originelle, ungewöhnlich farbenfrohe Abbildung des berühmten Badeners Victor von Scheffel. Wir gehen die von Backsteinfassaden dominierte Straße nach links und erreichen so die Kreuzlinger Straße.

Beliebtes studentisches Wohnquartier: Altbauten in der Zogelmannstraße

Hier halten wir uns rechts und kommen an der ehemaligen Kirche **St. Jodok** (Nr. 15) und dem zugehörigen Pilgerhospiz aus dem Mittelalter vorüber. Der Heilige Jodok galt wie Jakobus als Patron der Pilger, Reisenden und Schiffer und außerdem als Helfer gegen Fieber und Pest. Er passte somit ideal zu diesem Ort. Stadelhofen soll während der Gegenreformation noch für einige Zeit ein Hort der Protestanten gewesen sein, bei denen der Friedhof von St. Jodok besonders beliebt war. Der Sakralbau wurde im 19. Jahrhundert in ein Wohn- und Geschäftshaus umgebaut und beherbergt heute einen Striptease-Club. Die ehemalige Kirche mit Chor erkennt man am ehesten, wenn man sie vom rückwärtigen Hof her betrachtet, auf dem heute statt Grabkreuzen Fahrzeuge stehen. Wir sind nun ganz dicht an die Schweizer Grenze herangekommen. Am Ende der kurzen Emmishofer Straße beginnt die Schweizer Stadt Kreuzlingen. Nach dem Krieg hatte sich in diesem Quartier ein kleines Rotlichtviertel mit Striplokalen usw. entwickelt, weil solche Etablissements in der Schweiz lange Zeit stark reglementiert waren. Heute erinnern noch einige Bars an diese für manche Anwohner unruhigen Zeiten, aber die Träume der Betreiber vom großen Geld sind seit der Schweizer Liberalisierung 1992 wie Seifenblasen zerplatzt. Der beide Städte bis 2006 trennende Grenzzaun wurde 1939 im gegenseitigen Einvernehmen der beiden Grenzbehörden zur Eindämmung des Flüchtlingsstromes aufgestellt. Zuvor konnten hier am Döbele und an der Schwedenschanze viele Juden und politisch Verfolgte einigermaßen unbehelligt in die Schweiz gelangen. Ein tragisches Beispiel war der Fall des Hitler-Attentäters Georg Elser. Elser kannte Konstanz noch aus seiner Lehrzeit und wollte hier nach seinem missglückten Attentat im Münchner Bürgerbräukeller am 8. November 1939 in die Schweiz fliehen. Da er von dem kurz zuvor errichteten Zaun nichts wusste, wurde er an der Grenze festgenommen und später im Konzentrationslager Dachau ermordet.

Kecker Beobachter aus alten Tagen: Gerber in der Kreuzlinger Straße

Wir folgen der Kreuzlinger Straße in Richtung Nordwesten und gelangen ins ehemalige Konstanzer Gerberviertel. Noch heute sieht man beiderseits der Straße die alten Handwerkerhöfe mit ihren steilen Dachstühlen, in denen früher die Häute zum Trocknen aufgehängt wurden. Im Vorgängerbau des 1633 erbauten Hauses „Zum Spätgerber" (Nr. 22) wurde 1461 der spätere Freiburger Jura-Professor Ulrich Zasius geboren. Das Bauwerk wurde im 19. Jahrhundert aufgestockt und erhielt eine gründerzeitliche Fassade, sodass heute nichts mehr an den Bau aus dem 17. Jahrhundert erinnert. An dem auf der gleichen Straßenseite ein paar Schritte weiter stehenden rot getünchten Haus Nr. 8 befindet sich ein sehenswerter gotischer Erker, der von einer Figur mit Gerbermesser getragen wird.

Ein besonders schönes Beispiel der ursprünglichen Bebauung ist die gegenüberliegende sogenannte Felsenburg mit ihrer spätmittelalterlichen Fassade (Nr. 7). Sie entstand im 15./16. Jahrhundert als Haus „Zum Steinhaufen". Wir gehen die Straße weiter, bis wir zum beeindruckenden **Schnetztor** auf der anderen Seite der Bodanstraße gelangen.

Glanzstück der südlichen Altstadt: das Schnetztor

Bollwerk nach Süden: das Schnetztor Das Stadttor mit seiner nach Süden hin eindrucksvollen Buckelquaderfassade aus dem 14. Jahrhundert ist der Rest der mächtigen Stadtbefestigung, die neben der Ringmauer aus 20 Toren und Türmen bestand. Die der Stadt zugewandte Seite des Schnetztores ziert ein schönes Sichtfachwerk. Es kontrollierte ursprünglich den gesamten Konstanzer Reise- und Handelsverkehr in Richtung Italien. So zogen auch Kaiser und Könige durch dieses Tor in die Stadt, wenn sie von Süden kamen, und die zum Tode Verurteilten schleppten sich durch das Schnetztor zu ihrer Hinrichtungsstätte. Im 15. Jahrhundert wurden auf dem Turmdach zwei Glocken aufgehängt. Die eine war für den Stundenschlag, und die andere sollte den Verurteilten als „Armsünder- oder Lumpenglocke" zum letzten Gang läuten. Das Schnetztor war im Mittelalter auch Schauplatz so mancher Schauergeschichte. So soll dort 1452 ein Mann nach dem Mord an seiner Frau lebendig eingemauert worden sein, wobei ihm bis zu seinem Tod täglich etwas Brot und Wasser durch ein kleines Loch gereicht wurde. Das Glockentürmchen wird seit 1979 mit dem 1,20 m hohen „Blätzlebuebe" gekrönt, der nun als Wetterfahne „Wetter-Blätz" der Stadt zeigt, woher der Wind weht. Ein Jahr zuvor hatte die traditionsreiche Konstanzer Narrenzunft der Blätzlebuebe im Turm ihre Zunftstube eingerichtet. Der Blätzlebueb ist zusammen mit dem „Hemdglonker" eine alte Konstanzer Fasnachtsfigur. Wer sich für die beiden Gestalten näher interessiert, kann sie als Teil des Narrenbrunnens auf dem Blätzleplatz zwischen Hussen- und Rosgartenstraße bewundern. Das alemannische Wort „Blätzle" bedeutet so viel wie „Stoffflicken", und die hiesigen „Narrenhäser" bestehen traditionell aus vielen bunten Stoffresten.

Auf der anderen Seite des Tores beginnt die Hussenstraße mit dem **Hus-Museum**. Das Haus „Zur roten Kanne" (Nr. 22) soll dem tschechischen Reformator Jan Hus bis zu seiner Verhaftung im November 1414 als Herberge gedient haben. Er wurde während des Konzils in der Bodenseestadt verurteilt und anschließend verbrannt (→ auch Tour 4). Weitere beeindruckende alte Wohngebäude wie das Haus „Zur Ilge" von 1356 oder das gegenüber liegende gotische Geburtshaus von Heinrich Suso bzw. Seuse (→ Tour 1) säumen die Straße, die wir weiter in nördlicher Richtung begehen. Auf der rechten Seite drängt sich bald ein 1960 eröffneter Warenhauskomplex ins Blickfeld. Die an der nüchternen Sandsteinfassade angebrachte Inschrift „Zum weißen Pfau" erinnert an eines der schönsten bürgerlichen Barockgebäude nördlich der Alpen, das zusammen mit den ebenfalls historischen Wohnhäusern „Zum Weingarten" und „Zur Nussschale" dem ehrgeizigen Neubauvorhaben der Stadt geopfert wurde. Gegenüber dem Kaufhauseingang befindet sich neben der neoklassizistischen Fassade eines früheren „Photographischen Ateliers", etwas abgesetzt von der Straße, das Kulturzentrum K9, das in der ehemaligen Kirche **St. Paul** untergebracht ist. Sie war Teil des Roma-Secunda-Konzepts (→ S. 8) und lag wie die römische Kirche San Paolo fuori le mura zunächst außerhalb der Stadtmauer. Das rechts daneben stehende Holzkreuz hinter dem alten Pfründhaus ist der letzte Überrest ihres ehemaligen Friedhofes. Von der Hieronymusgasse aus lassen sich noch einige imposante Reste des alten Sakralbaus ausmachen. Im weiteren Verlauf der Hussenstraße kommen wir am **Haus Nr. 18** vorüber, das durch seine außergewöhnliche Bemalung gleich ins Auge fällt. Der heute international anerkannte und damals wohl recht mutige Konstanzer Künstler **Hans Breinlinger** bemalte 1922 die Frontseite des Verlagshauses von Oskar Wöhrle im Stil des Expressionismus. Dies verursachte im konservativen Kon-

Kunst am Bau: das von Hans Breinlinger bemalte Haus in der Hussenstraße

stanz einen Skandal, denn der Stil widersprach dem damaligen bürgerlichen Geschmacksempfinden ganz und gar, und es grenzt fast an ein Wunder, dass die Bemalung bis heute erhalten geblieben ist. Im Gutachten der damals eilig herbeizitierten Denkmalbehörde heißt es wörtlich: „Fragliche Fassadenmalerei scheint mir ein Dokument ihrer Zeit und ihrer grellen Zerrissenheit, künstlerisch interessant, aber ein Schlag ins Gesicht dem bürgerlichen Gemeinschaftsgefühl".

Hans Breinlinger ging später nach Berlin, wo er neben expressionistischen und kubistischen Malereien zahlreiche Fenster- und Altarbilder für Kirchen in Berlin und Schlesien schuf. Nach der Zerstörung Berlins im Zweiten Weltkrieg kehrte er jedoch wieder in seine alte Heimat Konstanz zurück.

Der elsässische Verleger und Schriftsteller Oskar Wöhrle gründete in diesem Haus den progressiven Seeverlag und den Oskar-Wöhrle-Verlag und öffnete sein Domizil für avantgardistische Künstler und Schriftsteller der Region. Junge, noch unbekannte Talente, die von der Hand in den Mund leben mussten, konnten hier monatelang wohnen und bekamen von Wöhrle oft Kunstaufträge vermittelt. Wer sich für Breinlinger interessiert, dem sei ein Besuch in der Galerie Knittel (→ Infoteil) empfohlen. Zwei Häuser weiter steht auf derselben Seite das gotische Wohnhaus „Zum Delphin", in dem 1415 Hieronymus von Prag, ein Freund und Mitstreiter von Jan Hus, während des Konzils gewohnt haben soll. Ein besonderes Schmuckstück ist das runde gotische Maßwerkfenster im obersten Geschoss. Nicht entgehen lassen sollte man sich auch die niedliche Abbildung eines Delfins – wie sich Konstanzer Bürger im Mittelalter solch ein Tier in ihrer Fantasie eben vorstellen konnten.

Einige Meter weiter taucht hinter dem Gasthof „Sonne" die **Malhaus-Apotheke** von Ludwig Leiner auf, der sich neben dem Verkauf von Pillen hauptsächlich mit dem Sammeln von historischen Objekten beschäftigte. Der hübsche Erker aus der Spätrenaissance zierte früher das zum Abbruch verurteilte Haus „Zum Strahl" in der Rosengartenstraße und verdankt Leiner seine Rettung. Seine Sammelleidenschaft legte den Grundstein zum Rosgartenmuseum. Das aus dem 14. Jahrhundert stam-

Schmuckstück der Renaissance: Erker der Malhaus-Apotheke

Am Obermarkt: Haus „Zum Großen Mertzen" mit „Hotel Barbarossa"

mende „Gemalhus", später Malhaus, bildet den südwestlichen Rand des **Obermarkts**, eines der zentralen Plätze der alten Reichsstadt. Neben dem üblichen Markttreiben wurden hier Menschen auf alle erdenkliche Weise hingerichtet oder an den Pranger gestellt.

Blickfang ist das spätgotische Haus **Zum Hohen Hafen**. In patriotischer Begeisterung wurde es um 1900 von dem Künstler Carl von Häberlin als Malhintergrund für die 1415 stattgefundene Belehnung des Burggrafen von Nürnberg mit der Mark Brandenburg durch König Sigismund und den Besuch Wilhelms I. von Preußen 1883 auserkoren. Der ungewöhnliche Hausname geht auf die Erbauer zurück, die Haffen von Lindow. Links daneben steht das imposante „Hotel Barbarossa" mit einem hübschen Jugendstildachreiter, an dessen Stelle schon um 1419 die Gastwirtschaften „Zum Egli" (Zum Flussbarsch) und „Zum Kemli" (Zum Kamel) urkundlich erwähnt wurden. Der historische Name bezieht sich auf den zwischen Kaiser Friedrich I. Barbarossa und den lombardischen Städten 1183 abgeschlossenen Konstanzer Frieden. Im Westen findet der Platz durch den 1601 errichteten Renaissancegiebel des Hauses **Zum Großen Mertzen** mit reichen Verzierungen einen hübschen Abschluss. Es lohnt sich, auch einen Blick in das beschauliche Gässchen zwischen dem Hotel und dem Haus „Zum Großen Mertzen" zu werfen. Hier haben sich sehr schöne mittelalterliche Gebäude wie der Wohnturm des Hauses „Zum Rotengatter" (Teil des Hauses Nr. 6) erhalten.

Wir spazieren nun durch die Wessenbergstraße, der alten Hauptverkehrsader „Blatten", in Richtung Norden weiter. An der Ecke zur Münzgasse hat sich das stattliche Patrizierhaus „Zum hohen Hirschen" aus dem 14. Jahrhundert mit einem kleinen gotischen Erkerchen in der Münzgasse erhalten. Gegenüber steht das Haus „Zum hinteren Mohren", in dem sich seit dem 18. Jahrhundert die „Mohrenapotheke" mit der auffälligen Mohrenstatue am Hauseck befindet. An der Seitenfront sind noch einige zugemauerte Fenster- und Türöffnungen aus der Erbauungszeit erkennbar. Dahinter ragt

Statue an der Mohrenapotheke

der imposante Bau des 1904 als „Zum Deutschen Haus" erbauten **Hotel Graf Zeppelin** hervor, das mit einer überwältigenden Bilderfülle an Szenen aus der Konstanzer und deutschen Geschichte bemalt wurde. Gegenüber dem Hotel steht das um 1250 gegründete ehemalige **Franziskanerkloster**, das im 17. und 18. Jahrhundert gründlich umgebaut und erweitert wurde. Nach der Säkularisation wurden die Konventgebäude zur Schule; die Kirche verwandelten die Stadtväter 1844 in das „Stadthaus", den heutigen „Bürgersaal". Vier Jahre später, am 13. April 1848, zog der Anführer der Badischen Revolution, **Friedrich Hecker**, zusammen mit einigen revolutionären Weggefährten und Freischärlern vom damals als liberal geltenden Konstanz in Richtung Karlsruher Residenz. Der als „Heckerzug" in die Geschichte eingegangene revolutionäre Marsch fand jedoch bald durch das Militär sein jähes Ende. Hecker soll davor angeblich vom Balkon des Stadthauses die erste deutsche Republik ausgerufen haben. Das moderne Wandbild des Berliner Künstlers Johannes Grützke erinnert seit 1998 am ehemaligen Kirchenbau an diese nicht sicher nachgewiesene Begebenheit.

Die Nordseite des Häuserensembles an der Wessenbergstraße wird von dem stattlichen Bau des Hauses „Zum Esel" mit einem leicht verblichenen Wandbild „Flucht aus Ägypten" des Barockmalers Karl Jakob Stauder abgeschlossen. Wir folgen der Straße weiter und kommen am spätgotischen Haus „Zum Falken" (Haus Nr. 14) vorbei, in dem 1787 **Guillaume-Henri Dufour** das Licht der Welt erblickte. Der Sohn eines aus Genf stammenden Uhrmachermeisters gilt heute als einer der Gründungsväter der modernen Schweiz.

> **In Deutschland oft unbekannt, in der Schweiz ein ganz Großer** Erste Bekanntheit erwarb sich Guillaume-Henri (zu Deutsch Wilhelm Heinrich) Dufour, als unter seiner Leitung die erste amtliche topografische Karte der Schweiz entstand, die sogenannte „Dufourkarte". Als Offizier der Schweizer Armee setzte er sich für die Vereinheitlichung des eidgenössischen Militärwesens ein. Darüber hinaus war er als Ingenieur in Genf tätig, konstruierte dort u. a. den „Großen Quai" und hatte großen Einfluss auf die Planung des Schweizerischen Eisenbahnnetzes. Dufour war Gründungsmitglied und Initiator der Genfer Konvention zum Schutz der Kriegsverwundeten und des Internationalen Roten Kreuzes, dessen erster Präsident er wurde. Sowohl die Verwendung des Schweizer Kreuzes (weißes Kreuz auf rotem Hintergrund) für das Schweizer Staatswappen als auch die Verwendung der farblichen Umkehrung (rotes Kreuz auf weißem Hintergrund) als Symbol des Roten Kreuzes gehen auf Dufour zurück. Der vielseitig talentierte Dufour war bereits zu Lebzeiten bei seinen Schweizer Landsleuten außerordentlich beliebt. Als er 1875 in Genf beerdigt wurde, reisten über 60 000 Menschen aus allen Kantonen an. Nach ihm wurde der höchste Punkt der Schweiz benannt, die 4634 m hohe Dufourspitze im Monte-Rosa-Massiv.

Exotisches Wirtshausschild in der Konstanzer Altstadt

An der nächsten Kreuzung biegen wir am beeindruckenden mittelalterlichen Wohnturm „Zum Elefanten" mit der gleichnamigen Gaststätte nach rechts in die Salmannsweihergasse ein. Die enge Gasse zwischen den aus dem 15. Jahrhundert stammenden Patrizierhäusern „Vorderer" und „Hinterer Elefant" und dem Haus „Zum weißen Schlüssel" sowie dem gegenüberliegenden mächtigen gotischen Bau „Zum Vorderen Kranich" von 1386 versetzt den Besucher in die faszinierende Welt des Hochmittelalters zurück.

Wir spazieren weiter durch die Salmannsweihergasse und erreichen die Hohenhausgasse. Die uralte Straßenkreuzung wird noch ausnahmslos von gotischen Wohnsitzen wie dem grünen Haus „Zum Lindwurm" von 1476, dem Haus „Zum Hinteren Bär" von 1387 und dem Gebäude „Zum Roten Haus" von 1284 geprägt. Hier gehts es nach rechts weiter. Nach einigen Schritten bietet sich rechter Hand ein schöner Blick auf die prachtvolle Renaissance-Fassadenbemalung (1580) des mittelalterlichen Wohnturms **Zum Goldenen Löwen**, die in den 1970er Jahren teilweise restauriert wurde. Wir folgen der uralten Gasse weiter und gelangen nach Überquerung der Münzgasse schräg links in die schmale Tirolergasse mit weiteren eher kleinen, aber umso charmanteren mittelalterlichen Wohnhäusern zum Ausgangspunkt der Rundtour, der Marktstätte, zurück.

4 Bürgerwelt: Von der schönen städtischen Machtzentrale zu lächelnden Engeln und finsteren Gnomen

Entdeckungsreise durch die gründerzeitliche Welt des Konstanzer Paradieses

Streckenlänge: 1,6 km

Dieser Rundgang beginnt am **Rathaus** in der Kanzleistraße. Hinter der etwas dunkel gewordenen Rathausfassade in der Kanzleistraße verbirgt sich ein ganzes Ensemble an historischen Stadthäusern wie beispielsweise das direkt an der Straße stehende ehemalige Zunfthaus der Leinweber aus dem 16. Jahrhundert, dessen Fassade 1594 im venezianischen Renaissance-Stil umgebaut und im 19. Jahrhundert von Ferdinand Wagner mit Szenen aus der Stadtgeschichte bemalt wurde. Dahinter steht das mittelalterliche Haus „Zum Thurgau", in dem sich jetzt der Ratssaal befindet. Absoluter Höhepunkt ist der von der italienischen Renaissance geprägte Innenhof mit seinen Türmen, Rundfenstern und seiner herrlichen Bemalung. Er kann während der Öffnungszeiten des Rathauses besichtigt werden. Über Generationen hinweg gingen hier Rechtsgelehrte ein und aus, bis sich der Konstanzer Rat im 19. Jahrhundert in das schöne Gemäuer verliebte und den bescheidenen Amtssitz am Fischmarkt gegen diesen Repräsentationsbau eintauschte. An die früheren Nutzer erinnert heute nur noch der Straßenname.

Wir gehen die Kanzleistraße leicht bergauf in Richtung Westen und biegen dann nach links in die Hussenstraße ein. An der nächsten Abzweigung, der Hieronymusgasse, halten wir uns rechts und kommen am Kulturzentrum

Juwel der Renaissance: Innenhof des Konstanzer Rathauses

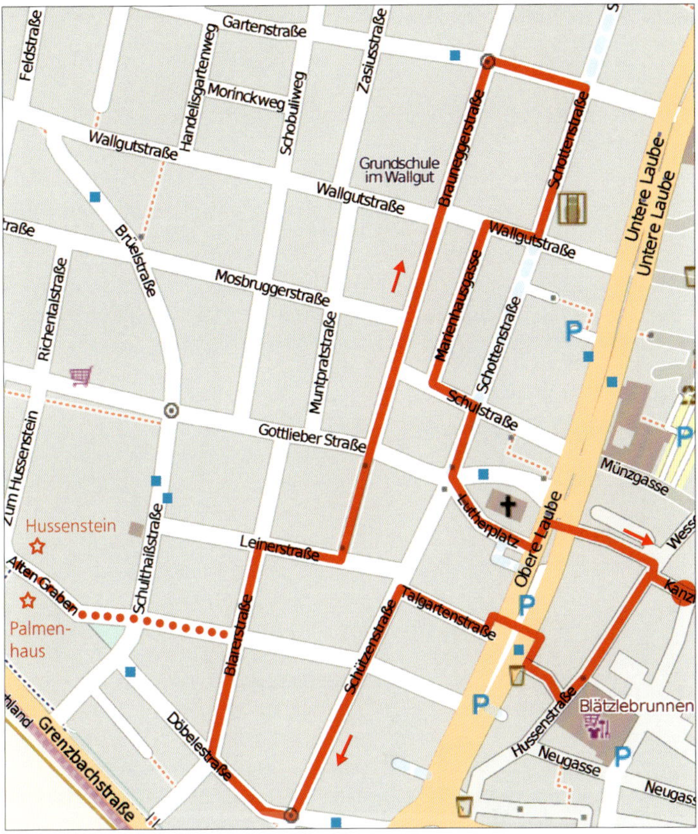

K9 im ehemaligen Paulskirchengebäude (→ Tour 3) vorbei. Nach einigen Schritten verlassen wir die mittelalterliche Altstadt und überqueren den alten Stadtgraben, die „Obere Laube". Auf der anderen Straßenseite treffen wir sozusagen auf das Portal des hier beginnenden Stadtteils **Paradies**. Das außergewöhnliche Stadthaus Nr. 42 mit seinem mondänen Frauenkopf über dem Eingangsportal ist ein schönes Jugendstilzeugnis des Architekten Hans Dahme von 1906. Wir biegen nun links davon in die Talgartenstraße ein und kommen wenigen Metern zu einem Wohnhaus (Nr. 2) mit einem schön verzierten Jugendstilerker.

Das Stadtbild wird hier, wie auch in der baumbestandenen Schützenstraße, in die wir nach links einbiegen, von vielen prächtigen gründerzeitlichen Altbauten geprägt. Origineller Fassadendekor mit Elementen der Neogotik und der Neorenaissance, dekorative Erker, Türmchen und hübsche Gartenzäune stehen

Jugendstilfantasien am Eingang zum Paradies

in hartem Kontrast zur funktionalen Wohnwelt der Nachkriegszeit, der wir ebenfalls auf unserer Tour immer wieder begegnen.

> **Paradies** Das Paradies ist heute ein mit mehrstöckigen Stadthäusern bebautes Wohnquartier im Westen der Konstanzer Altstadt. Seine Ursprünge hat es im Mittelalter, als Fischer und Bauern entlang des Rheinufers ihre ersten ärmlichen Behausungen errichteten. Damals hieß der eigenständige Flecken noch Eggehusen. Seinen heutigen Namen erhielt das Paradies durch ein im 12. Jahrhundert gegründetes Klarissenkloster mit dem Namen „claustrum Paradysi apud Constantiam". Bereits 1253 gaben die Nonnen ihr Kloster vor den Toren der damaligen Bischofsstadt auf und zogen in die Schaffhauser Gegend. Die schöne Bezeichnung Paradies jedoch blieb. Nicht weit davon stand ein 1142 von irisch-schottischen Mönchen am Jakobsweg gegründetes sogenanntes Schottenkloster, das sich bis zur Reformation auf dem Gelände des heutigen Humboldt-Gymnasiums befand. Die Stadtväter wählten daraufhin das Gelände des heutigen Schulhofes als Stadtfriedhof aus. Seit dieser wiederum im 19. Jahrhundert nach Petershausen verlegt wurde, erinnert heute nur noch die 1589 als Friedhofskirche erbaute „Schottenkapelle" an diesen geschichtsträchtigen Ort. Das freie Gelände westlich der Altstadt diente darüber hinaus lange Zeit als Aufmarschfläche für das Militär, worauf heute noch der Name Schützenstraße hindeutet. Ein weiterer Konvent befand sich ab 1603 auf dem Brühl in der Nähe des Hussensteins, bei dem Jan Hus 1415 hingerichtet worden sein soll. Das Kloster der eigentlich streng kontemplativ lebenden Kapuzinermönche wurde jedoch rund 60 Jahre später an die belebte Markstätte verlegt. Der Grund lag auf der Hand: Die volksnahen Mönche waren in der Bevölkerung wesentlich beliebter als die Jesuiten und hatten in dieser Zeit wohl vor allem die Aufgabe, die Gegenreformation in der Stadt voranzubringen. Mit Einführung der Gewerbefreiheit im 19. Jahrhundert begann wie in vielen deutschen Städten auch in Konstanz der wirtschaftliche Aufschwung. Um 1880 wurde durch den damaligen Oberbürgermeister Winterer, der später als Freiburger Oberbürgermeister maßgeblich den dortigen städtischen Ausbau vorantrieb, mit der Planung und dem Ausbau eines neuen Stadtteils westlich der Altstadt begonnen. Diese Erweiterungspläne wurden unter seinem Nachfolger Weber mit gleichem Ehrgeiz fortgesetzt. Ein Problem für Konstanz war jedoch die grenznahe Lage, die eine großzügige Ansiedlung von neuen Industrien verhinderte. So entstanden hier bis zum Ersten Weltkrieg nur Teile der geplanten neuen Straßenzüge. Mit dem Ersten Weltkrieg endete in Konstanz wegen der Grenzschließung zur Schweiz lange Zeit fast jegliche Bautätigkeit. Erst Mitte der 1920er Jahre und vor allem nach dem Zweiten Weltkrieg konnten die zahlreichen Baulücken im Paradies durch Neubauten geschlossen werden. Heute ist das Quartier mit seinen großzügigen Altbauwohnungen und baumbestandenen Straßen vor allem bei Studierenden und jungen Familien ein begehrtes Pflaster.

In der Döbelestraße halten wir uns rechts und spazieren an weiteren hübschen Altbauten vorbei. An einigen Häusern wie etwa Nr. 7 und am gegenüberliegenden Haus Nr. 24 sind deutlich die Übergänge vom Historismus zum Jugendstil zu sehen. In der Blarer Straße mit vielen weiteren eleganten Stadthäusern halten wir uns wiederum rechts. Das Haus Nr. 46 fällt durch einen aufwendig gestalteten Neorenaissanceerker auf. Das 1906 durch Georg Doerper erbaute Eckhaus Nr. 32 ist ein besonderes Beispiel des Jugendstils in Konstanz. Hier wurde versucht, den vom Wiener Werkbund vorgeschlagenen Weg zur Entwicklung einer auch für weniger begüterte

Natur- und Wohnparadies: die Schützenstraße

Bauherren bezahlbaren Fassadengestaltung umzusetzen. Statt großflächigen Steinreliefs dominieren nun einzelne an markanten Stellen angebrachte Plastiken. Es handelt sich hier um ernst dreinblickende bärtige Gesichter, die an alpenländische Masken erinnern. Der imposante Eckturm wird durch einen eigentümlich wellenförmigen Fries unterhalb des Dachansatzes stilistisch strukturiert. Die Dachhaube selbst prägen neobarocke Elemente. Das ganze Gebäude strahlt eine vornehme Zurückhaltung aus und lässt bereits spätere Entwicklungen der Architektur hin zu mehr Funktionalität erahnen.

An der Kreuzung mit der Tägermoosstraße besteht die Möglichkeit eines Abstechers zum **Palmenhaus** und zum Hussenstein. Man geht in der Tägermoosstraße nach links und folgt am Ende der Straße den Schildern zum Hussenstein. An der Kreuzung der Straße Alten Graben mit der Straße Zum Hussenstein steht auf der linken Seite in einer kleinen Grünanlage das 1923 erbaute Palmenhaus mit dem BUND-Umweltzentrum im Gärtnerhaus. Schräg gegenüber liegt auf einem kleinen Platz zwischen Bäumen der **Hussenstein**. Der imposante graue Findling aus der letzten Eiszeit erinnert seit 1863 an die Hinrichtung des tschechischen Reformators Jan Hus, der am 6. Juli 1415 vor den Toren der Stadt mit all seinen reformatorischen Schriften verbrannt wurde, sowie an seinen Weggefährten Hieronymus von Prag, den dieses grausame Schicksal ein Jahr später ereilte. Nach seinem Todesurteil soll Hus gesagt haben: „Heute bratet ihr eine Gans, aber aus der Asche wird ein Schwan entstehen" („Hus" bedeutet auf tschechisch „Gans").

Reformatorisches Mahnmal im katholischen Umfeld: der Hussenstein

Gründerzeitliches Altbauparadies: Braunegerstraße

Bunte Häuserfassaden in der Schulstraße

Wir gehen nun die Blarerstraße bis zur Leinerstraße weiter. Auf der linken Seite steht das 1905 von Hans Dahme erbaute stattliche neogotische Eckhaus Nr. 18 mit einem imposanten Turmaufbau (Kanisiushaus). Entgegen seiner sonstigen Gepflogenheiten verzichtete Dahme hier wie auch beim Eckgebäude gegenüber weitgehend auf Elemente des Jugendstils. Offensichtlich traf dies nicht den Geschmack der Auftraggeber. In der Leinerstraße gehen wir kurz nach rechts und folgen an der nächsten Kreuzung der Gütlestraße nach links. Der Platz mit dem Kinderhaus Paradies in der Mitte strahlt großstädtisches Flair aus, und man wähnt sich fast in Berlin. Nach kurzer Zeit gelangen wir in die Braunegerstraße mit weiteren imposanten Wohnhäusern im typisch gründerzeitlichen Stilmix aus Neoklassizismus, Neorenaissance und Neogotik. Die Straße ist mit ihren bunten Fassadenanstrichen bei Studenten und jungen Familien eine beliebte Wohnadresse.

Wir spazieren östlich an der ehemaligen Mädchenvolksschule, der heutigen Wallgutschule, vorbei und gelangen zum Ellenrieder-Gymnasium, das 1911 als Friedrich-Luisen-Schule für höhere Töchter gebaut wurde. Besonders hübsch ist der vordere Treppenaufgang mit dem Jugendstilerker und dem kunstvoll geschmiedeten Spiralgitter, das wie ein filigraner Spitzenvorhang über der Vorhalle herabhängt. In der Gartenstraße halten wir uns rechts und biegen anschließend wiederum rechts in die Schottenstraße ein. In der Schottenstraße liegt gegenüber der Justizvollzugsanstalt das unscheinbare Wohnhaus (Nr. 37) des Pfarrers **Johann Martin Schleyer** (1831–1912), dem Erfinder der „Weltsprache Volapük".

Volapük Schleyer versuchte, eine gemischte Sprache aus den sechs europäischen Hauptkultursprachen (Deutsch, Englisch, Französisch, Italienisch, Spanisch, Russisch) zu entwickeln, die er zuerst „Völkerdolmetsch" nannte. Weil aber eine gemeinsame Verständigung unter den verschiedenen Völkern eine gemeinsame

Schreibung voraussetzt, versuchte es Schleyer zunächst mit der Aufstellung eines „Weltalphabets", das er 1878 in seinem „Entwurf einer Weltsprache und Weltgrammatik für die Gebildeten aller Völker der Erde" der Öffentlichkeit vorstellte. Im Jahr 1880 erschien das erste Wörterbuch mit Erläuterung der Grammatik. Die neue Weltsprache nannte er „Volapük", gebildet aus den englischen Wörtern „world" und „speak". Ein Jahr später ließ Schleyer zum ersten Mal seine eigene Zeitung, das „Weltspracheblatt Volapükabled" erscheinen. Die Losung war „Eine Menschheit – eine Sprache – Menade Bal – Püki Bal". Anfangs war die Sprache recht erfolgreich. Es bildeten sich Volapük-Weltsprachgesellschaften in Europa, Nord- und Südamerika, sogar in China und Japan. 1888 gab es immerhin 885 diplomierte Volapük-Lehrer, 190 Oberlehrer (löpitidel), 50 Professoren (plofed). Das Volapük soll über 100 000 Anhänger gehabt haben. Es ist jedoch unklar, ob diese die Sprache wirklich beherrschten. Wissenschaftliche Autoritäten wie der Linguist Friedrich Max Müller oder der Geograf Alfred Kirchhoff sprachen sich für Volapük aus. Das französische Blatt „Le Temps" schrieb am 16. Januar 1887: „Wenn jemals eine universelle Sprache eine Chance hatte, sich in der Wirtschaftswelt durchzusetzen, dann ist es diese". Zur selben Zeit erwähnte der britische Philologe Alexander Ellis in seinen Schriften ein Chicagoer Mädchen namens Corinne Cohn, das ganz mit Volapük aufwuchs. Da das Volapük jedoch nur schwer erlernbar war, kam es bald aus der Mode und wurde durch das einfachere Esperanto verdrängt. Die einzigartige Bedeutung von Volapük besteht jedoch auch heute noch darin, dass es zum ersten Mal gelungen war, eine neue Sprache zu kreieren, die international beachtet und angewendet wurde.

An der nächsten Möglichkeit biegen wir nach rechts in die Wallgutstraße ab und gehen anschließend durch die beschauliche Marienhausgasse mit kleineren Wohnhäusern, ehemaligen Handwerksbetrieben und hübschen Hinterhofgärten bis zur Schulstraße. Hier lohnt sich ein kurzer Blick nach rechts auf das herrliche gründerzeitliche Ensemble der Häuser Nr. 12 und 14. Wir biegen nach links in die Schulstraße ein und erreichen an der Kreuzung mit der Schottenstraße das wohl außergewöhnlichste Jugendstilwohnhaus im Paradies, das **Kramerhaus**. Das exzentrische Wohnprojekt des Konstanzer Jugendstilarchitekten Hans Dahme bot 1906 Gesprächsstoff für das ganze Stadtviertel, wo man ansonsten lieber auf altbewährte Stilelemente der deutschen Architekturgeschichte vertraute. Jugendstilhäuser waren die Ausnahme, und solch ein kurioser Figurendekor stieß in vielen plüschig-biederen Wohnstuben auf Befremden.

Märchenhafte Spielereien des Jugendstils: das Kramerhaus

Jugendstilträumereien

Den Eckturm versah Dahme mit einem doppelt geschwungenen Turmdach, das auf einer geflochtenen Frieskonsole mit zähnefletschenden Fratzen ruht. Der mit einem Adler und dem Namen des Hauses bekrönte Straßengiebel wird von zwei drachengesichtigen Wesen mit offenen Mäulern flankiert, die Wasserspeier imitieren. Der Stützpfeiler des mit Kastanienblättern und -blüten dekorierten Erkers birgt ein weiteres beliebtes Motiv des Jugendstils: Aus einem Gebinde von Sonnenblumen schaut ein schönes Frauenantlitz mit wallenden langen Haaren heraus. Dabei gehen Haare und Blätter fließend ins Mauerwerk der Stützkonsole über.

Von hier aus geht es in der Schottenstraße ein kurzes Stück nach rechts. In der Gottlieber Straße spazieren wir nach links zum Lutherplatz mit der 1873 fertiggestellten neoromanischen **Lutherkirche**. Sie ist eine der ersten Konstanzer evangelischen Kirchen, seit die katholische Kirche in der Gegenreformation ihre „verloren gegangenen Schäfchen" wieder unter ihre Obhut genommen hat. Wir queren nun wieder die Laube und gelangen in die hübsche Paradiesstraße mit einigen hochmittelalterlichen Wohngebäuden. Der linke Straßeneingang wird vom Staffelgiebelhaus „Zur vorderen Haue" beherrscht. Im Gastraum des dortigen Lokals kann ein originales Wandbild von 1520 mit der Darstellung einer Landsknechthochzeit bewundert werden. Im wahrsten Sinne des Wortes beeindruckend ist der stark eingedellte obere Teil der Fassade des Hauses „Zum hinteren Merz" (Nr. 4) ein paar Schritte weiter stadteinwärts. Man könnte meinen, das Haus von 1368 sei akut einsturzgefährdet, aber die geraden Fensterleibungen aus dem Mittelalter lassen erkennen, dass diese krumme Wand schon aus der Erbauungszeit stammen muss und deshalb schon früh bei den Fenstern ein Ausgleich geschaffen werden musste. Wir kommen nun nach Überquerung der Hussenstraße wieder zum Ausgangspunkt in der Kanzleistraße zurück.

5 Villenwelt: Edle Wohndomizile, Promenaden, prachtvolle Gärten und schöne Strände

Rundgang durchs östliche Petershausen zwischen Konstanzer Bucht und Lorettowald

Streckenlänge: 6 km

Diese Tour beginnt am **Stadtgarten** nördlich des Konstanzer Hafens. Die städtische Parkanlage entstand ab 1863, als man die Schuttmassen der wegen der neuen Bahnstrecke abgebrochenen Stadtbefestigung hier im See versenkte. 1879 wurde der frisch bepflanzte Park mitsamt dem Gondelhafen feierlich an Bürgerschaft und Urlauber übergeben. Zuvor reichte hier das Seeufer mit seinen Badeanstalten bis in den Bereich der heutigen Bahnanlage.

Grüne Uferidylle: Platanenallee im Stadtgarten

Mondäne Seestraße: Glanzstück der Belle Epoque

Wir durchqueren den Park in Richtung Norden und erreichen über den Susosteig, vorbei am ehemaligen Inselkloster (→ Tour 1), die Rheinbrücke, die uns über den Seerhein führt. Auf der gegenüberliegenden Uferseite kommen wir zu einer der schönsten Uferpromenaden Deutschlands. Wir gehen rechts runter zur Seestraße und wandern sie entlang der mondänen Stadthäuser in östlicher Richtung. Diese Prachtstraße entstand durch den Wunsch der Stadtväter, Konstanz in ein zweites Luzern zu verwandeln. Begonnen wurde das **Seestraßenensemble** mit dem 1902 erbauten, ehemaligen „See-Hotel", das als luxuriöser Grandhotelbau mit elegantem Eckturm heraussticht.

Von der Promenade aus hat man einen herrlichen Blick auf den See, die fantasievoll gestalteten Jugendstil- und Gründerzeitfassaden der Uferbebauung und die gegenüberliegende Altstadt mit ihren Türmen, Giebeln und alten Ziegeldächern sowie den Hafenbereich mit „Imperia" und Leuchtturm. Wellen klatschen beruhigend an die Ufermauer, und bei Sonnenschein funkelt die unruhige Wasserfläche wie ein gleißendes Meer. An klaren Tagen wird die muntere Glitzerwelt noch durch das gewaltige Alpenpanorama der Schweizer Berge im Hintergrund gekrönt. Wir spazieren den Weg weiter und kommen an größeren Gärten und eleganten Strandvillen vorbei. Einige stammen aus der Zeit um 1900, viele sind auch neueren Datums. Ein Teil der Häuser – wie etwa die Casino-Villa – wurden in geschmackvolle Gastronomiebetriebe umgewandelt, andere – wie die reizvolle Villa Barleben aus dem Jahr 1872 – wurden zu Hotels. Besonders eindrucksvoll ist die Villa Prym.

Villa Prym Bereits um 1860 erbaut, wurde die Gründerzeitvilla 1912 durch den neuen Eigentümer, den Kurzwarenfabrikanten und Entwickler des Kronenfeder-Druckknopfes Gustav Prym, im Stil des Jugendstils umgemodelt. Der Künstler wirft dabei alle perspektivischen und plastischen Maltechniken über Bord und lässt seine Jagdgesellschaft in der typischen Manier des neuen Stils parallel zur Wandebene reiten.

Dabei bilden die Beine der Menschen und Tiere einen rhythmisch gestalteten Fries. In der Bildmitte, über der Hubertuslegende, fällt ein berittenes Paar mit individuellen Gesichtszügen auf. Es handelt sich um Pryms Tochter Louise und seinen Schwiegersohn Wilhelm von Goedecke. Die im Tympanon kniende Göttin Diana als Amazone zwischen zwei stilisiert dargestellten Blumengefäßen ist ein besonders gelungenes Werk des Jugendstils.

Farbenfrohe Jugendstilmalereien an der Villa Prym

Die Seestraße mündet nun in den schmaleren Seeuferweg, der im letzten Abschnitt zum Wendelgardweg wird. Bei schönem Sommerwetter bietet sich an vielen Stellen die Möglichkeit, am noch weitgehend natürlichen Ufer zwischen Schilf und Bäumen ein erfrischendes Bad zu nehmen. Nach einiger Zeit kommen wir an einem idyllischen, über dem Wasser gelegenen Torkelgebäude aus dem 17. Jahrhundert vorbei, das 1996 durch einen interessant gestalteten „Scheibenhausanbau" des bekannten Frankfurter Architekten Christoph Mäckler erweitert wurde. Torkeln waren Gebäude mit Most- oder Weinpressen, die einen Kelterbaum besaßen. Da die Alemannen das Baumkeltern direkt von den Römern übernahmen, verwendeten sie auch deren Vokabular (lat. „torculum" für Presse). Beim Baumkeltern werden die Trauben oder auch anderes Obst mit schweren Eichenstämmen, dem sogenannten „Kelterbaum", gepresst, der mittels einer Holzspindel nach oben und unten bewegt wird.

Nachdem die Bagger das in die Jahre gekommene Mineralbad Jakob, „'S Jaköble", im Jahr 2006 eingeebnet hatten, entstand an gleicher Stelle die

Bodensee-Therme als moderner Wellness-Tempel mit Saunalandschaft, Thermen- und Freibadbereich. Sie öffnet sich mit zwei Flügeln und einer 78 m langen und knapp 9 m hohen Glasfassade zum See hin. Der Westflügel weist wie ein Schiffsbug kühn in Richtung Bodensee und bildet gleichzeitig die Überdachung des modern gestalteten Thermen-Restaurants.

Das einige Schritte weiter stadtauswärts liegende **Schloss Seeheim** vermittelt ein völlig anderes Bild. Fast märchenartig verträumt liegt es mit seinem Rapunzelturm an einem kleinen Weiher unweit der Uferpromenade. Der jetzige Bau mit Restaurant-Café entstand um 1890 auf den Fundamenten eines wesentlich älteren Vorgängerbaus und lag ursprünglich direkt am Bodenseeufer. Ab 1924 war es Wohnsitz des Schriftstellers und Lyrikers Wilhelm von Scholz, dessen Werke aus der Zeit des Nationalsozialismus heute allerdings recht umstritten sind. Der Ausbau des Uferwegs zum Strandbad Horn in den 1970er Jahren verwandelte die bisherige Seebucht zum Karpfenteich, der dem Anwesen seither etwas Verwunschenes verleiht.

Gleich dahinter beginnt das **Strandbad Horn** mit seinen ausgedehnten Liegewiesen und Stränden zum Ausruhen und Baden. Wir gehen nun vor dem Strandbadeingang den Fußweg nach links und gelangen westlich vom Schloss Seeheim und mehreren Tennisplätzen über einige kleine Treppenaufgänge zur Eichhornstraße, die wir beim schlösschenartigen Hotel-Restaurant „Nicolai Torkel" queren und uns dann links halten. Nach einigen Schritten geht es beim Hotel-Restaurant „Waldhaus", einer weiteren Einkehrmöglichkeit mit schönem Biergarten, nach rechts in die Jakobstraße. Hier spazieren wir kurz nach rechts, bis uns linker Hand ein asphaltierter Weg in den im Sommer angenehm kühlen Lorettowald führt. Wir befinden uns jetzt auf der Fontainebleau-Allee, die kerzengerade durch das kleine Naturparadies mit seinen schönen alten Buchen und Eichen führt. Auf der anderen Seite des Waldes erblicken wir auf der linken Seite des Sträßchens „Büscheläcker" hinter Ästen und Blattwerk ein barockes Gartenhaus mit teilweise etwas

Vorfrühling am Schloss Seeheim

Als neuer Geheimtipp in Konstanz gilt das 1823 erbaute und im Frühjahr 2006 renovierte traditionelle Waldhaus Jakob. Die idyllische Lage im Freizeit- und Erholungsgebiet Horn, in der Nähe des Sees, dem Strandbad und der neu eröffneten Bodenseetherme mit Erlebnisbad machen das denkmalgeschützte Waldhaus Jakob zu einer der neuen Spitzenadressen in Konstanz für Hotel und Gastronomie. Das mit italienischem Flair neu gestaltete Restaurant bietet eine gehobene Küche, die keine Wünsche offen lässt. In der warmen Zeit locken der Biergarten und eine Gartenterrasse die Gäste ins Freie.

Die 36 Zimmer sind mit viel Komfort wie Dusche, WC, TV, Direktwahltelefon ausgestattet. Ebenso ist ein W-Lan Internetzugang verfügbar.

Räume in verschiedenen Größen bieten sich für Feiern, Seminare und Tagungen an.

Beliebt ist unser Haus auch bei Radfahrern, die hier einen idealen Ausgangspunkt auch für Touren rund um den Bodensee finden. Für Golfer stehen in der näheren Umgebung mehrere Plätze zum Einlochen bereit.

Zum Zentrum der historischen Altstadt von Konstanz führt ein romantischer Uferweg mit Blick auf die Schweiz, die nur wenige Kilometer entfernt ist.

Parkplätze stehen kostenlos zur Verfügung.

Reservieren Sie doch einfach über unsere Homepage.

WALDHAUS JAKOB

Eichhornstraße 84, 78464 Konstanz
Hotel-Tel.: 07531/8100-0 Fax 07531/8100-67
Restaurant-Tel.: 07531/8100-13 Fax: 07531/3615116
E-Mail: info@waldhaus-jakob.de   www.waldhaus-jakob.de

verblichenen Fassadenmalereien. Das unerwartete Kleinod, über dessen Eingang sich das Bild der gekrönten Madonna mit dem Jesuskind bis in unsere Zeit erhalten hat, ist eines der wenigen historischen Gebäude in diesem Wohnviertel. Wir gehen in der ruhigen Wohnstraße in Verlängerung der Fontainebleau-Allee einige Schritte weiter bis zur steinernen Friedrichsbank von 1907. Von diesem etwas erhöhten Plätzchen am Waldeck konnten damals die eher gut betuchten Sommergäste ihre Blicke über den unverbauten Hang zum See schweifen lassen. Seit die Aussicht weg ist, steuern nur noch wenige Wanderer die zwischen Sträuchern und Bäumen etwas eingewachsene Ruhemöglichkeit an.

Gegenüber führt uns nun ein Weg zur Richard-Wagner-Straße hinunter. Wir folgen dem Fußweg bis zur Schubertstraße, in die wir nach rechts einbiegen. Der Spazierweg durchquert nun ein schönes Wohngebiet mit netten Einfamiliendomizilen aus den 20er bis 50er Jahren. Im Frühling verwandeln sich die großen alten Gärten mit unzähligen Primeln, Tulpen und Narzissen in wahre Farbenmeere. Dieses grüne Wohnparadies ist ein begehrtes Pflaster für junge Familien mit dem allerdings nötigen Kleingeld. Die ältesten Bauten dieser Straße wie etwa die Häuser Nr. 12, 8 und 4 stammen noch aus dem ersten Viertel des letzten Jahrhunderts. An der Kreuzung mit der Hebelstraße halten wir uns links und kommen an weiteren schönen Wohnhäusern und Gärten vorbei.

Schnuckelig statt schnieke: Villa Elfen

Toskanische Pracht in der Altmannstraße

Nach der Überquerung der belebten Eichhornstraße erreichen wir die Neuhauser Straße mit einem reizenden Jugendstil-Häuserensemble von 1902 und wandern hier nach rechts. Die Domizile in den gepflegten Gartenanlagen sind mal romantisch verspielt mit Jugendstil- und Gründerzeitdekor, dann wieder modern mit viel Glas und Marmor oder einfach nur nüchtern aus den 70er Jahren. Nach dem oberhalb liegenden wilhelminischen Prachtbau des Heinrich-Suso-Gymnasiums geht es vor einer im italienischen Palazzostil gebauten Villa aus der Zeit um 1890 links vorbei. Wir spazieren durch die Altmannstraße und den Luziengang weiter und erreichen bei der Casino-Villa wieder die Seestraße. Von hier gelangen wir wieder über die Rheinbrücke und den Susosteig zum Ausgangspunkt, dem Stadtgarten.

6 Turmwelt: Vorbei an Stadttoren und dem Minarett am Wasser zum aussichtsreichen Bismarckturm

Rundwanderung durch Petershausen und Königsbau

Streckenlänge: 6,5 km, Höhenunterschied: 60 m

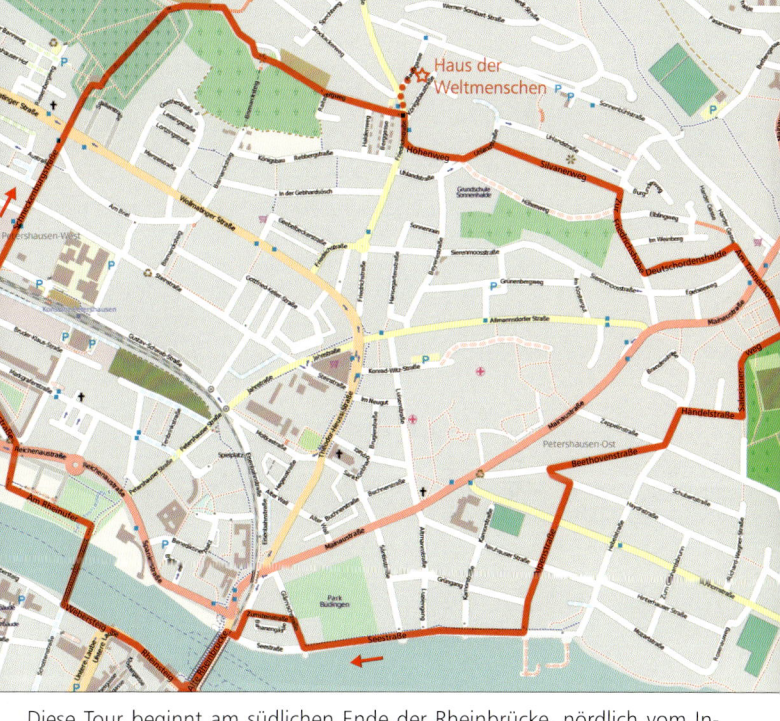

Diese Tour beginnt am südlichen Ende der Rheinbrücke, nördlich vom Inselhotel. Am Beginn der Brücke folgen wir dem Treppenabgang auf der rechten Seite, der uns unter der Konzilstraße hindurch zum Rheinsteig führt. Wir kommen zunächst am imposanten **Rheintorturm** vorüber, erbaut um 1400 zur Bewachung der hölzernen Rheinbrücke. Es war der einzige Zugang in Richtung Norden. Durch den großen gotischen Torbogen marschierten jahrhundertelang neben den einfachen Bewohnern auch die Händler, Bettler, Pilger, Ritter und selbst Könige und Kaiser. Nachdem anfänglich eine Fähre die Reisenden ans andere Ufer beförderte, ist um 1200 der Bau einer hölzernen Jochbrücke über den Rhein dokumentiert. 1544 wurde diese Brücke durch eine überdachte Holzkonstruktion ersetzt, die ebenso wie der Vorgängerbau auf Pfahljochen gegründet war. Auf beiden Uferseiten schlossen sich steinerne Gewölbebrücken und Zugbrücken an. In das Brückenbauwerk integrierte man mehrere Mühlen, die das Gefälle der aus dem See strömenden Wassermassen nutzten. Die hölzerne Konstruktion wurde immer wieder

Opfer von großen Bränden. Beim letzten Flammeninferno 1856 verzichtete man auf einen Wiederaufbau, weil man inzwischen erkannt hatte, dass die vielen Pfähle zu teilweise extremen Hochwasserständen im Obersee führten. Statt dessen entstand bis 1860 einige Meter weiter flussaufwärts eine prächtige neue Rheinbrücke mit großen Brückenfiguren, die gleichzeitig Platz für die neue Eisenbahnverbindung bot. Ab 1938 musste das Bauwerk auf Grund des wachsenden Autoverkehrs mehrmals umgebaut und verbreitert werden. Dabei versetzte man die Brückenfiguren – die Bischöfe Konrad und Gebhard, Herzog Berthold von Zähringen und Großherzog Leopold – auf die Ufermauer entlang des Rheinsteigs.

Wir bleiben trotz des starken Verkehrs dem Rheinsteig treu und erreichen nach kurzer Zeit den wesentlich kleineren **Pulverturm**, in dem heute eine Narrenzunft ihren Sitz hat. Der früher als Ziegel- oder auch Judenturm bezeichnete Bau mit über 2 m dicken Mauern entstand bereits 1321. Seine ursprünglichen Namen erhielt er zum einen von einer Ziegelhütte, die hier schon seit dem frühen Mittelalter betrieben wurde, und zum anderen durch den traurigen Umstand, dass im Mittelalter öfters Juden zur Schutzgelderpressung im Turm eingekerkert wurden. Das jetzige Dach bekam der Turm um 1468, die vier Schießscharten brach man um 1525 durch die dicken Wände. Später diente das Bollwerk als Pulvermagazin der Habsburger, was ihm wohl auch seinen jetzigen Namen einbrachte.

Wir gehen weiter und gelangen nach kurzer Zeit in den weniger befahrenen Webersteig. Auf der linken Seite steht seit 1914 das Gebäude der Handwerkskammer. Mit dem schlossartigen Bau und den beiden überlebensgroßen Handwerkerfiguren aus Stein demonstrierte die Innung im Kaiserreich ihr großes Selbstbewusstsein. Dahinter steht ein weiteres prachtvolles wilhelminisches Relikt, das 1908 erbaute Humboldt-Gymnasium. Am gegenüberliegenden Rheinufer thront allseits gut sichtbar das ehemalige Offizierskasino aus der Kaiserzeit. Das Haus der früheren Garnison in Petershausen beherbergt seit einigen Jahren einen gastronomischen Betrieb.

Wie im Urlaub am Bosporus: der Seerhein

Vom Webersteig gelangen wir über die sogenannte „Radlerbrücke" auf die andere Seite des Seerheins. An heißen Sommertagen herrscht auf, unter und zwischen der Brücke ein munteres Treiben. Oben queren ständig Fußgänger und Radfahrer den Fluss, und auf dem türkisblauen Wasser tuckern zahlreiche kleine Boote und auch Motorjachten den Fluss hinauf und hinunter, denn er ist die einzige Verbindung zwischen Ober- und Untersee. Im Wasser und auf den Liegewiesen am Ufer tummeln sich Scharen von Badegästen, und immer wieder dient der Radlersteg auch als Sprungturm. So schön blau und rein wie hier ist der Rhein auf seinem ganzen weiteren Verlauf bis zur Nordsee nicht mehr. Mit dem Minarett im Hintergrund fühlt man sich hier an solchen Tagen ein bisschen wie am Strand am östlichen Mittelmeer.

Wir spazieren nun links vorbei am Rheinstrandbad, die neu gestaltete Promenade „Am Rheinufer" flussabwärts. Auf einem alten Fabrikareal entstand in den letzten Jahren in bester Wohnlage eine neue Uferbebauung für Büros und schicke Wohnungen. Nach dem einzigen älteren Wohngebäude an diesem Teil des Uferweges biegen wir nach rechts in die Otto-Adam-Straße ab und überqueren nach einigen Schritten, rechts von der **Moschee**, die viel befahrene Reichenaustraße. Die 2009 mit einem 35 m hohen Minarett erbaute und nach dem persischen Sufi-Mystiker Mevlana Dschalal ad-Din ar-Rumi benannte Moschee bietet Platz für mehrere Tausend Gläubige.

Nun geht es durch die Hindenburgstraße entlang des in den 20er Jahren erbauten „Hindenburg-Blocks" weiter bis zum Gottmannplatz. Die heute in „Petershauser Park" umbenannte ehemalige Arbeiterwohnanlage mit großem Innenhof wurde in den letzten Jahren aufwendig renoviert. Einzelne naturalistische Fassadenmalereien und Steinmetzarbeiten erinnern noch an den Kunstge-

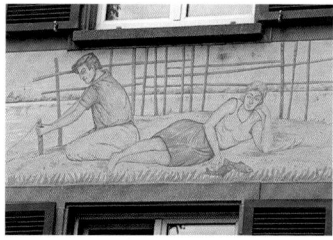

Naturalistische Fassadenmalerei aus den 20er Jahren

schmack seiner Erbauer. Vom Gottmannplatz geht es schräg rechts weiter in die Schneckenburgstraße. Wir blicken auf etwas heruntergekommene Mietshäuser aus der Kaiserzeit, die neben Wohnblöcken aus den letzten Jahrzehnten das alte Arbeiterquartier zwischen Fabriken, Bahngleisen und Rhein prägen. Weil es ein paar Schritte zu weit entfernt vom attraktiven Ufer liegt, bietet es für Investoren wenig Anreiz für eine groß angelegte Sanierung oder Neubebauung wie am Rheinstrand. Wir kommen an den traditionsreichen Rieter-Werken vorbei, in deren Hallen seit 1874 Maschinen und Anlagen für die keramische Industrie hergestellt werden. Dieses älteste noch existierende Unternehmen der Stadt gehört inzwischen einem französischen Konzern, der das Werk bis Ende 2010 schließen und die Produktion nach Italien verlagern möchte. Vor dem alten Fabrikgebäude wurde eine alte Ziegelpresse von 1935 ausgestellt, und am Firmenneubau steht eine doppelköpfige Engelskulptur aus roten Ziegeln und bunten Keramikkacheln aus den Brennöfen der Firma Rieter. Die alten Fabrikgebäude sollen in einen Loftpark mit Räumen für Firmen, Veranstaltungen und Ausstellungen umgewandelt werden.

Am oberen Ende der Straße springt ein auffälliger Rundbau förmlich ins Auge. Sowohl durch seine Form als auch durch die aufwendigen Stein-

Stein des Anstoßes: Aussegnungshalle am Stadtfriedhof

metzarbeiten fällt das Gebäude zwischen den einfachen Arbeiterhäusern völlig aus dem Rahmen. Kommt man näher, entpuppt sich das vermeintliche „Schlössle" als die 1912–1918 erbaute Aussegnungshalle des Neuen Stadtfriedhofs, der im 19. Jahrhundert den alten Begräbnisplatz in der Schottenstraße abgelöst hatte. Das friedlich am Eingang des Stadtfriedhofes gelegene hübsche Werk des späten Jugendstils brachte einige Stadtväter und vor allem geistliche Würdenträger beträchtlich in Wallung. Stand das angegliederte und durch eine private Initiative finanzierte Krematorium doch im strikten Widerspruch zum katholischen Einäscherungsverbot.

Wir gehen an dem imposanten Kuppelbau mit den halbrunden Säulenumgängen rechts vorbei und gelangen in den parkähnlichen Stadtfriedhof mit vielen noch erhaltenen prächtigen Grabmälern. Schauen wir nach rechts, erblicken wir den durch eine Hecke abgetrennten neuen und alten jüdischen Friedhof mit vielen Grabsteinen und Zeugnissen der vergangenen und wiedererstandenen jüdischen Kultur in Konstanz. Er kann durch ein in der Regel offenes Tor betreten werden. Männer werden gebeten, beim Besuch eine Kopfbedeckung zu tragen.

Stadtfriedhof: Eingang zum jüdischen Teil

Wir beschreiben nun den Hauptweg auf der Rückseite der Friedhofshalle und gelangen am oberen Ende über den nördlichen Ausgang auf einen Fußweg, der uns nach rechts weiter bergauf führt. Über einen aussichtsreichen Weg oberhalb eines Weinbergs erreichen wir bald den 452 m hohen Raiteberg mit dem eindrucksvollen **Bismarckturm**. Er kann gegen eine kleine Gebühr bestiegen werden. Der Eintrittspreis berechtigt auch zum Ausleihen eines Fernglases. Auf halber Höhe befindet sich übrigens auch ein WC für Besucher. Oben bietet sich ein herrlicher Rundblick auf Petershausen, den Mainauwald, die Altstadt mit dem Münsterturm sowie der Konstanzer Bucht und ganz im Westen Teile des Untersees mit den Hegaubergen am Horizont. An klaren Tagen bilden die Schweizer Alpen die passende Kulisse für ein überwältigendes Panorama.

Imposantes Werk des späten Jugendstils: der Bismarckturm

> **Der Bismarckturm: eigenwilliges Zeugnis des späten Jugendstils** Der vom Textilfabrikanten Gustav Prym in Auftrag gegebene Turmbau ist ein eindrucksvolles Beispiel des späten Jugendstils. Das 22,7 m hohe Bauwerk entstand 1911/12 nach Plänen von Georg Wickop und wurde mittels Spenden finanziert. Das Eingangsportal wird durch vier zylindrische Säulen betont, welche eine dreieckige Giebelplatte mit der Inschrift „BISMARCK" trägt. In der kapitellartigen Eingangshalle steht in einer halbrunden Apsis, fast verdeckt hinter allerlei Krimskrams, die vom Münchner Bildhauer Karl Killer geschaffene Bronzebüste Bismarcks. Dahinter liest man den in einem Goldmosaik eingearbeiteten Aeschylos-Ausspruch „Was soll ich fürchten, dem zu sterben nicht bestimmt ist". Über 106 Steinstufen gelangt man zur obersten Aussichtsplattform in der fünften Etage. Den Abschluss des Turmes bildet eine durchbrochene Krone, die auf 16 Pfeilern ruht. Auf ihr befindet sich die Feuerschale mit einem Durchmesser von 1,80 m, die bis 1944 an bestimmten Tagen (z.B. Bismarcks Geburtstag am 1. April) unter dem Motto „Flammen über ganz Deutschland zu Ehren Bismarcks" befeuert wurde. Die Schale besteht aus einer schmiedeeisernen ringförmigen Rinne, in der sechs miteinander verbundene gusseiserne Feuerpfannen platziert waren. Eine aufwendige Drucköl-Tankanlage im Turmuntergeschoss sorgte für die permanente Ölversorgung der Flammen. Erster offizieller Besucher dieses höchsten Bismarckturmes in Baden-Württemberg war übrigens Ferdinand Graf von Zeppelin, neben Prym einer der Hauptsponsoren des Turmbaus.

Wir spazieren den herrlichen Aussichtsweg weiter und erreichen schließlich die Friedrichstraße. Auf der linken Seite blitzt schon von fern das farbenfrohe Wohndomizil und Atelier eines Konstanzer Künstlerehepaares aus der sonst eher gediegenen bürgerlichen Wohngegend des Stadtteils Königsbau heraus. Das Haus in der Rauhgasse ist über und über mit dem Motiv der fröhlich-bunten „Weltmenschen" bemalt. Wenn man sie nicht wie hier auf

Kunstwerk mit Signalwirkung: Haus der Weltmenschen

einer Hauswand findet, sind sie meist mit Acrylfarben auf Stelen aus Holz, Beton oder Stahl gemalt und stehen vor öffentlichen und privaten Häusern. Das Ehepaar teilt sich heute die künstlerische Arbeit. Enzo Stragapede steht für das Figürliche und Ursula Stragapede-Didra für die abstrakte Malerei. Beide waren international durch ihr Textildesign für Rocco Barocco und andere namhafte Modeschöpfer bekannt, doch seit über zehn Jahren liegt ihr Schwerpunkt auf den Weltmenschen.

Die Weltmenschen machen inzwischen ihrem Namen alle Ehre, denn man begegnet ihnen immer häufiger auch außerhalb europäischer Gefilde. Für Ursula Stragapede-Didra sind sie Botschafter für Energie, Lebensfreude und Aktivität. In ihren Gesichtern und Farben gibt es keine Nationalität oder geschlechtliche Abgrenzung, sie sind universal.

Nach dem kleinen „Kunst-Schlenker" gehen wir die Friedrichstraße wieder bergab, bis uns der Höhenweg nach links führt. Charmante Wohnhäuschen mit hübschen Gärten säumen den Weg. An der nächsten Kreuzung halten wir uns links und kommen durch die Uhlandstraße. Es geht zunächst an einer modernen, in Holz- und viel Glas gehaltenen Wohnsiedlung vorbei. Danach wechseln sich im Silvanerweg immer wieder ältere und neuere Wohnhäuser und große Gärten ab. Auf der linken Seite führt ein kleiner Fußpfad nach der Konstanzer Wetterwarte des Deutschen Wetterdienstes (Nr. 6) auf das Dach eines Wasserreservoirs, von dem sich weitere schöne Ausblicke auf den See und das nördliche Umland bieten.

Die ruhige Wohnstraße mündet schließlich in die Straße Zur Friedrichshöhe, die wir mit schönem Ausblick auf die Stadt bergab wandern. Nach einigen Schritten führt uns die Deutschordenshalde mit hübschen Häuschen aus den 20er und 30er Jahren in großen Gärten nach links bis zur Hardergasse, in die wir nach rechts einbiegen. Nach Überquerung der Mainaustraße gelangen

Passivhäuser Am Tannenhof, im Hintergrund der Turm der Maria-Hilf-Kirche

wir in die Straße Am Tannenhof, die durch ein interessantes Neubauquartier führt. Naturbelassene Holzverkleidungen mit viel Glas und verzinkte Balkonkonstruktionen prägen das neue Straßenbild. Dahinter ragt wie ein spitzer Eckzahn der Betonturm der katholischen Maria-Hilf-Kirche aus den 1970er Jahren in die Höhe.

Hier entstanden ab 2002 durch das Gemeinschaftsprojekt der Siedlungswerkstatt und der neu gegründeten Bauherrengemeinschaft „Am Tannenhof 24" mit Holz verkleidete Wohneinheiten in Passivbauweise. Bei dem in immer mehr deutschen Städten Schule machenden Bauherrenmodell sind die künftigen Bewohner in Form einer Baugemeinschaft von Anfang in die Planung und Umsetzung des Bauprojekts eingebunden. Das bedeutet zwar einerseits viele Absprachen, dafür kennt jeder seine Nachbarn von Beginn an und weiß in etwa, worauf er sich einlässt.

Im Salesianerweg halten wir uns rechts und spazieren eine kurze Strecke am Lorettowald entlang. Am katholischen Jugendheim Don Bosco noch links vorbei, biegen wir nach ca. 150 m nach rechts in die Händelstraße ein. Die ruhige Wohnstraße führt uns nun im langen Bogen langsam, aber stetig bergab bis zur Beethovenstraße, in die wir nach rechts einbiegen. Der Weg leitet uns nun durch ein gutbürgerliches Wohnviertel mit schicken neuen und alten Villen in gepflegten Gärten, von denen manche für einen ausführlichen Artikel in einer Architektur- und Wohnzeitschrift geeignet wären. Es gibt hier keine außergewöhnlichen Highlights zu bestaunen, aber das Viertel geizt wahrlich nicht mit Schönheit und Besonderem, wobei man sich über Geschmack bekanntlich streiten kann.

An der Kreuzung mit der Haydnstraße halten wir uns kurz links und gelangen an der nächsten Abzweigung über die mondäne Alpenstraße nach unten zur Seestraße. Hier spazieren wir nach rechts und gehen an attraktiven Strandvillen und gehobenen Hotels entlang bis zur Glärnischstraße, in die wir nun einbiegen. An der Zumsteinstraße halten wir uns gleich wieder links und kommen so an eindrucksvollen Stadthäusern vorbei, die durch ihre Lage hinter dem Seestraßenensemble natürlich etwas bescheidener ausfallen. Am Damm zur Mainaustraße angekommen, steigen wir über den Treppenaufgang hoch zum Fußweg, der uns wieder in Richtung Rheinbrücke führt. Von hier oben hat man einen schönen Blick auf das Jugendstilgebäude **Conrad-Gröber-Straße 6**. Es wurde 1907 von dem Architekten

Meisterwerk des Art Déco: Turmhelm in der Conrad-Gröber-Straße

Hans Dahme als Schlussakzent für das Seestraßenensemble in einer interessanten Mixtur aus Jugendstil und Neogotik entworfen, die besonders im Turmbereich eine unerwartet gelungene Symbiose eingeht. Der fantasievoll geschwungene Turmhelm aus Metall mit seinen seitlichen „Zwergenkappen" und metallenem Rankwerk ist eine architektonische und handwerkliche Meisterleistung.

Ein hübsches Jugendstildetail hat sich auch am Balkongeländer des Hauses Nr. 2 erhalten: Eine in der typischen Manier dieses Stils dargestellte Blumenwiese mit roten und gelben Blüten wird gerade von einer großen Libelle besucht.

Auf der anderen Seite des Damms und der viel befahrenen Mainaustraße sehen wir die barocken Konventgebäude des ehemaligen Benediktinerklosters Petershausen, die sich heute in einer „Insellage" zwischen den Hauptverkehrsstraßen und der Bahnlinie befinden. Die zugehörige Klosterkirche wurde im 19. Jahrhundert wie so manche andere Kirche in Konstanz säkularisiert und später abgebrochen. Ein Teil der Gebäude beherbergt seit 1992 eine Außenstelle des Archäologischen Landesmuseums. Wer die barocken Gebäude und das Museum besichtigen möchte, muss wieder zur Seestraße am Ufer absteigen und dann dem ausgeschilderten Fuß- und Radweg folgen. Ansonsten kommen wir über die Rheinbrücke und den Susosteig wieder zum Ausgangspunkt am Südufer des Seerheins zurück.

7 Hügelwelt: Von beschaulichen Fischergestaden über einen italienischen Wallfahrtshügel zum außergewöhnlichen Wasserwohnturm

Rundtour durch Allmannsdorf und Staad

Streckenlänge: 4 km, Höhenunterschied: 40 m

Wir beginnen diese Tour in **Staad** am William-Graf-Platz, direkt südlich des Fährhafens Konstanz–Meersburg. Wer mit dem Bus kommt, erreicht Staad mit den Stadtbuslinien 1 und 15 Richtung „Staad/Fähre". Die Geschichte von Staad war von jeher eng mit der Fischerei und dem Fährbetrieb über den See verbunden. Die Staader Fährrechte lassen sich bis weit ins Mittelalter zurückverfolgen, als auch viele Jakobspilger über diesen Seearm gen Santiago pilgerten. Die Inbetriebnahme der ersten **Automobilfähre Konstanz** 1928 mit den für sie entwickelten neuartigen Staader Landungseinrichtungen griff den alten Fährverlauf wieder auf und rettete die Stadt Konstanz aus ihrer wirtschaftlichen Randlage, in die sie durch den Ersten Weltkrieg hineingeraten war.

Vom hübsch angelegten Platz mit seinen gemütlichen Lokalen hat man einen exzellenten Blick auf den See mit dem kleinen Yachthafen und das exponiert am gegenüberliegenden Seeufer gelegene Städtchen Meersburg. Vom immer wieder hektisch anschwellenden Autoverkehr nach Ankunft der Fähren bekommt man hier nichts mit. Zu gut ist der Platz durch den lang gestreckten Bau der Fährstation abgeschirmt, und man kann gemütlich den an- und ablegenden weißen Schiffen zusehen. Wir wandern nun die Fischerstraße hergauf und kommen durch den kleinen Staader Dorfkern. Einige hübsche Fischerhäuser wie die Nr. 19 und 21 haben die Abrisswut der ganz auf die Moderne eingeschworenen 1970er Jahre überstanden und lassen noch ein bisschen die alte Zeit vor der „Ankunft" des großen Touristenstroms am Bodensee nachklingen.

Letzte Fischerhäuschen in Staad

Am oberen Ende der Fußgängerzone biegen wir links in den Haltnauer Weg ein, der uns an gediegenen, direkt oberhalb des Sees gelegenen Wohndomizilen vorbeiführt. Im lauschigen Hoerlepark wandern wir den Emanuel-von-Bodmann-Weg entlang dem Seeufer weiter. Alte Bäume und saftige Wiesen vermitteln den Eindruck einer vom Menschen kaum veränderten Uferlandschaft. Funde aus jüngsten archäologischen Untersuchungen ergaben jedoch, dass hier bereits in der Frühgeschichte eine große Seesiedlung aus zahlreichen Pfahlbauten bestand. Wo der Uferweg eine Linkskurve beschreibt, führt uns nun – erkennbar an einer alten, krumm gewachsenen Eiche auf der rechten Seite und einer Parkbank am Seeufer – ein Fußweg leicht bergauf über den Fohrenbühlweg in die Lindauer Straße. Man erkennt diese Stelle auch daran, dass oben die Wohnbebauung endet. Wir folgen dieser Straße in westlicher Richtung und gelangen über die Hermann-von-Vicari-Straße zur leicht bergauf führenden Josef-Anton-Feuchtmayer-Straße, in die wir einbiegen. Sie führt uns durch ein schönes, bereits zu Allmannsdorf gehörendes, Wohngebiet mit hübschen Einfamilienhäusern und Gärten.

Verstecktes Kleinod: hölzerner Betsaal der Lorettokapelle

Jeden Frühling verwandeln sich die vielen Beete in kleine Blütenmeere. In der Peter-Thumb-Straße halten wir uns links und biegen an der nächsten Linkskurve nach rechts in einen breiten Fußweg ein, der uns zum Lorettosteig führt. Dort gehen wir weiter nach links und gelangen über einen lauschigen Wohnweg in die Straße An der Steig, die uns durch ein weiteres schönes Wohnviertel wieder leicht bergauf führt. Nach ca. 400 m leitet uns direkt nach einem roten Hydranten auf der rechten Seite ein Fußweg durch grüne Gärten und Wiesen hoch auf einen beschaulichen Wiesenhügel mit der weiß getünchten Lorettokapelle.

> **Lorettokapelle** Nachdem Konstanz die schwedische Belagerung im Dreißigjährigen Krieg unbeschadet überstanden hatte, errichtete die Konstanzer Bürgerschaft 1637 auf dem Staader Berg eine Wallfahrtskapelle nach dem Vorbild der Wallfahrtkirche von Loreto in Italien. Sie hatte sich dazu während der Belagerung in einem gemeinsamen Gelübde verpflichtet. Das Besondere an diesem rechteckigen Kirchenbau ist sein Vorbau mit einem Altar für den offenen hölzernen Betsaal der Wallfahrer. Das ungewöhnliche Tonnengewölbe im Inneren besticht durch seinen bezaubernden Sternenhimmel. Er steht im Kontrast zu den ganz nach italienischem Vorbild aufgemalten Ziegelsteinwänden und fragmentarischen Fresken mit Szenen aus dem Marienleben. Zahlreiche Votivtafeln, die bis ins 18. Jahrhundert zurückreichen, zeugen von der Dankbarkeit der Wallfahrer.

Vom Kapellenhügel mit dem Madonnenbrunnen und einem alten Bildstock von 1587 aus der Zeit der Gegenreformation bietet sich bei klarem Wetter eine herrliche Sicht auf die Schweizer Alpenkette.

Von hier wandern wir über den Lorettosteig in Richtung Osten weiter. Am Oberstegle halten wir uns links und spazieren am „O. K.-Plätzle" mit Wegzeigern zu allen Ecken und Enden der Erde in Richtung „Nordpol" durch den Kapellenweg und die anschließende Jakobstraße. Nach rund 250 m verlassen wir die angekündigte 4980 km lange Wegstrecke zum (hoffentlich) ewigen Eis bereits wieder und biegen in die nach Westen führende Staader Straße ein.

Wohnsiedlung Jungerhalde

Wir überqueren die stark frequentierte Mainauer Straße und kommen über die Bettengasse durch die Jungerhalde. Hier entstand in den letzten Jahren ein neues Wohnprojekt mit modernen, fast komplett mit Metall und Holz verkleideten Wohnbauten. Ganz am Ende der Straße biegen wir vor einer modernen Studentensiedlung, die als moderne Pfahlbauten aus Metall zahlreichen Studierenden ein angenehmes und campusnahes Wohnen bietet, nach rechts in die Straße Am Schmerzenmösle ein. Ein in der Verlängerung der Straße weiterführender Fußweg leitet uns über eine große Baumwiese leicht bergauf in Richtung Wasserturm. Auf der rechten Seite ragt zwischen alten Obstbäumen die beschauliche Silhouette des alten **Allmannsdorfer Ortszentrums** mit der Kirche St. Georg und dem hübschen Rathaustürmchen hervor. Oben angekommen, überqueren wir erneut die Mainaustraße und spazieren in der Straße Zur Allmannshöhe weiter. Wir kommen durch ein gefälliges Allmannsdorfer Wohnquartier und erreichen oben den ehemaligen **Wasserturm**, der seit 1929 wie ein großer Leuchtturm auf der Anhöhe thront. Bereits 1931 wurde in den unteren Stockwerken des Turms die Konstanzer Jugendherberge untergebracht, die heute nach dem ehemaligen Oberbürgermeister Otto Moericke benannt ist. Er war in der 1930er Jahren das letzte frei gewählte Stadtoberhaupt und wurde 1933 durch die Nationalsozialisten abgesetzt. Unter seiner Amtszeit wurde u. a. der Bau des Wasserturms mit der Jugendherberge und die Fährverbindung Meersburg–Konstanz beschlossen. Die modernen Erweiterungsbauten mit zwei spiegelsymmetrischen Flügeln harmonisieren architektonisch gut mit dem Turmbau, wofür allerdings das alte Allmannsdorfer Pfarr-

Außergewöhnliche Unterkunft: die Otto-Moericke-Jugendherberge

haus weichen musste. Gleich daneben liegt, zwischen Wasserturm und Sendeturm der Bundesnetzagentur, der 1841 neu angelegte **Allmannsdorfer Friedhof**, auf dem sich in der Vergangenheit auf Grund der schönen Lage viele Künstler, Industrielle, Adelige und bekannte Politiker beisetzen ließen. So findet man hier die letzten Ruhestätten der Grafen Douglas, des Malers Hans Sauerbruch oder des Bauhaus-Architekten Hermann Blomeier sowie die heftig diskutierte Grablege des umstrittenen Dichters Wilhelm von Scholz vom Schloss Seeheim.

Wir gehen nun die Straße wieder einige Schritte zurück, bis wir zur Kreuzung mit dem Koberleweg gelangen. Hier halten wir uns links. Am Ende der feinen Wohnstraße mit eleganten Domizilen wandern wir rechts vom Garten des interessant gestalteten Künstlerhauses Nr. 35 den Fußweg nach links, der uns über die satten Wiesen der luftigen Allmannshöhe führt. Von hier oben hat man eine schöne Sicht auf

Altes Bauernhaus in der Ruppanerstraße

den Überlinger See und die Jugendherberge. Wir folgen dem Wegverlauf in einem Bogen in Richtung Süden, bis wir zur Ruppanerstraße kommen, in der wir uns rechts halten. Einige inzwischen selten gewordene alte Allmannsdorfer Bauernhäuser begegnen uns auf diesem Wegabschnitt.

An der nächsten Kreuzung gehen wir in der Mainaustraße nach links. Rechts sehen wir die Allmannsdorfer Kirche St. Georg mit ihrem eigenwilligen spät-

Unverwechselbar:
Turm der Kirche
St. Georg

Ritt auf dem Drachenkopf: Balkon der Villa Seeschau

gotischen Turm. Eine Besonderheit ist die alte Holzverkleidung und die große Turmuhr mit ihrem kunstvoll bemalten Ziffernblatt. Die Kirchenfenster stammen von dem Konstanzer Künstler Hans Breinlinger (→ Tour 3). Auf der linken Seite sehen wir den netten Allmannsdorfer Narrenbrunnen neben einem als Ruhebank verwendeten großen Findlingsstein, der während der letzten großen Eiszeit von den Eismassen des Rheingletschers seinen Weg aus den Alpen bis hierher gefunden hat.

Schräg gegenüber steht das **Allmannsdorfer Rathaus** mit schönem Zierfachwerkgiebel, das seit 1903 den abgebrannten Vorgängerbau ersetzt. Wir biegen nun nach links in die Schiffstraße ein, überqueren sie und gelangen über den Forellengang wieder zur Staader Straße zurück, die wir nun bergab gehen. Nach kurzer Zeit kommen wir an der 1905 erbauten **Villa Seeschau** (Nr. 7 und 9) vorüber, dem wohl imposantesten Jugendstilgebäude von Staad. Besonders gewagt erscheint die von einem Drachen mit Flügeln gestützte Balkonkonstruktion, die die versprochene Seeschau gewährleistet. Der Eingangsbereich wird von grimmig dreinschauenden Gesichtern und bissigen grünen Fischen und Aalen bewacht.

Wir folgen der Straße weiter und erreichen über die Fischerstraße wieder den Ausgangspunkt am Staader Jachthafen.

8 Kontrastwelt: Vom Fischerdörfchen durch die kunterbunte Campuswelt und das abgeschiedene Klösterchen zur subtropischen Blumeninsel

Rundgang durch Egg über die Konstanzer Universität und die Insel Mainau

Streckenlänge: 4 km, Höhenunterschied: 60 m

Diese Rundtour beginnt im Stadtteil **Egg** an der barocken St. Josefskapelle von 1730 mit dem hübschen Fischerbrunnen. Wer mit dem Bus anreist, erreicht Egg mit der Stadtbuslinie 4, Richtung Dettingen. Die Bushaltestelle befindet sich in der Mainaustraße am Überweg von Egg zur Universität. Egg war ursprünglich ein kleines Fischerdorf mit einem Jagdschloss am Seeufer, dem „Schlössli", das dem Deutschen Ritterorden gehörte. Vom alten Dorf selber sind noch einige Wohnhäuser an der Bachgasse erhalten geblieben. Egg wurde bereits 1915 mit Allmannsdorf nach Konstanz eingemeindet und spätestens seit dem Bau der nahen Universität auf dem Gießberg lastet der Siedlungsdruck enorm auf dem Dörfchen am See.

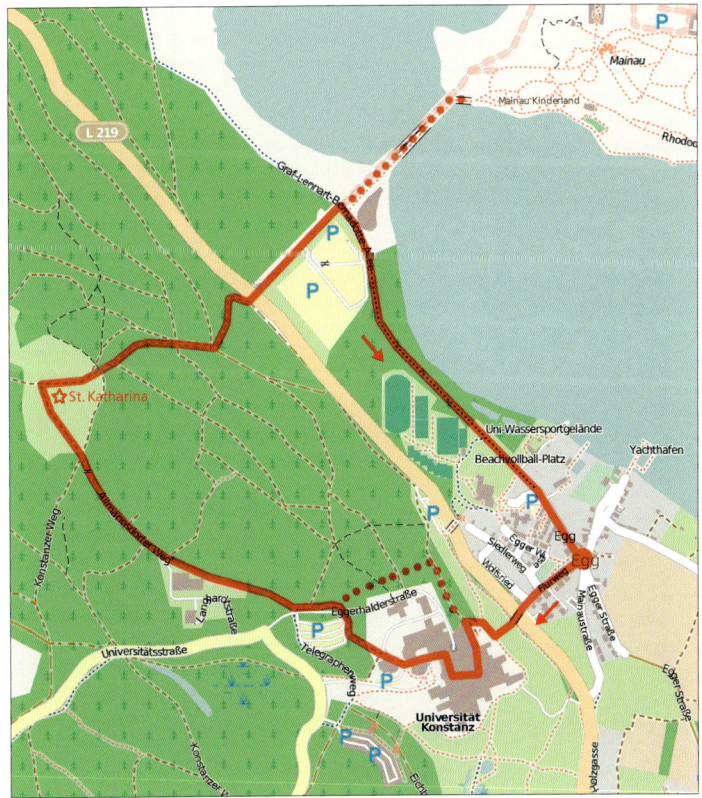

St. Josefskapelle in Egg

Wir biegen gegenüber der Kapelle in den Flurweg ein und folgen dem Weg, bis wir an eine Linkskurve kommen. Von dort gelangen wir über einen Treppenaufgang und einen Fußgängersteg (bei der Bushaltestelle) hoch zur Universität. Oben folgen wir dem Schild Richtung „Gebäude K-R,T" bis zur Weggabelung am Waldrand. Der Hauptweg führt weiter zur Insel Mainau.

Universität Konstanz Die Universität Konstanz wurde 1966 gegründet. Bereits im 17. und 18. Jahrhundert existierte in Konstanz eine Universität, denn nach der Besetzung Freiburgs durch die Franzosen wurde ein Teil der dortigen Universität im Lanzenhof in der Altstadt untergebracht (→ Tour 2). Die neue, in den politisch ebenfalls unruhigen Zeiten der Studentenbewegung entstandene Universität verstand sich von Anfang an als Reformuniversität. Zunächst wurde sie immer wieder in anderen Gebäuden der Altstadt einquartiert, bis 1972 der Campus auf dem Gießberg mit einer Fläche von 90 000 m² eröffnet wurde. Seine Planer haben ihn als einen Lebens- und Arbeitsort konzipiert, an dem neue Formen von Forschung und Lehre auch ihren baulichen Ausdruck finden sollten. Teil des Reformkonzeptes war eine verdichtete Bebauung, kurze Wege, der Verzicht auf große Hörsäle zugunsten einer Vielzahl von Seminarräumen sowie die Abwechslung zwischen

Mutiges Farbenbekenntnis: Campusgebäude der Konstanzer Universität

Arbeitsbereichen, Verkehrsflächen und Ruhezonen. Hinzu kam die Idee, durch „Kunst am Bau" bleibende Akzente zu setzen und so die Entstehung einer tristen Betonlandschaft zu vermeiden. Bei der Strukturierung der Universität verzichtete man auf die Einrichtung von Instituten, an deren Stelle treten die Fachbereiche als Einheiten von Lehre und Forschung. Um die Fächergrenzen besser zu überwinden, wurde aus dem angelsächsischen Raum das Konzept der Campus-Universität übernommen und Serviceeinrichtungen wie die Mensa zentralisiert. Ein weiterer Teil der Reformpolitik war die Verlagerung größerer Teile der Lehre von Vorlesungen in begleitende Seminare oder Übungsgruppen, woraus das Konzept von studienbegleitenden Prüfungen folgte. Neuartige Formen der Selbstverwaltung lösten überkommene universitäre Strukturen ab. Ausdruck des neuen Geistes war auch die Einrichtung einer zentralen, frei zugänglichen Bibliothek, die heute fast rund um die Uhr geöffnet ist. Nachdem viele Projekte ausgelaufen sind, „erfindet" sich die Universität aufgrund der Vorschläge der Mittelstraß-Kommission neu: Seit 1999 ist die Universität in drei Sektionen unterteilt, in denen die 13 Fachbereiche zu stärkerer Zusammenarbeit angehalten werden. Beibehalten wird die konsequente Zentralisierung der Verwaltung, der Einrichtungen für Technik, Rechnerbetrieb und Sprachausbildung sowie der Serviceeinrichtungen. Das Zukunftskonzept der Universität wurde im Rahmen der „Exzellenzinitiative" am 19. Oktober 2007 angenommen, und die Konstanzer Hochschule qualifizierte sich zur kleinsten und jüngsten deutschen „Exzellenzuniversität". Heute genießt die renommierte Forschungsuniversität mit mehreren Sonderforschungsgruppen bundesweit und auch auf internationaler Ebene einen hervorragenden Ruf.

Blick über das bunte Glasfoyer auf das Hörsaalgebäude A

Wir folgen dem ansteigenden Fußweg nach links in Richtung Cafeteria und gelangen so in den Universitätskomplex. Farbenfrohe Plexiglaswürfel an der Decke und kräftige Farben an den Wänden nehmen die Angst vor den typisch grauen Betonlandschaften der 70er Jahre. Organisch geformte Betonrinnen und -rohre leiten in einem ausgeklügelten System bei Regen das Wasser nach unten und verwandeln Teile des Campus in ein plätscherndes Wasserparadies.

Wir folgen zunächst dem Schild in Richtung Cafeteria, später der Hinweistafel „Zu den Bussen". Wer an Sonn- und Feiertagen den menschenleeren Uni-Campus betritt, hat gute Chancen, von Sammy begrüßt zu werden. Sammy ist mittlerweile „Langzeitstudent" an der Konstanzer Universität. Nachdem der schwarzweiße Kater den Campus als seine Heimat auserwählt hat, ist er rasch zur Kultfigur geworden. Mittlerweile gibt es Spendenboxen für Futtergeld und drei offizielle Schlafplätze und sogar eine eigene Homepage: ww.uni-kater-sammy.de. Der Kultkater liegt aber auch gerne auf den Arbeitstischen und macht es sich zwischen den Papieren, Büchern und Laptops bequem. Er benutzt auf seinen Wegen inzwischen auch den Aufzug und ist ein überall gerngesehener Gast, der schon manchen Studierenden die Prüfungsangst vergessen ließ und diese streng universitäre Angelegenheit ein wenig menschlicher, pardon, tierischer gemacht hat…

Eine Prise Le Corbusier und eine große Dosis Gaudi: Aufgang zur Aussichtsterrasse

Nach einigen Schritten führen Treppen nach oben zur Mensa und zur Aussichtsterrasse. Bei schönem Wetter bietet sich von hier ein exzellenter Ausblick auf den See, die Insel Mainau, das gegenüberliegende Ufer mit Meersburg und Unteruhldingen sowie die herrliche Bergwelt der nahen Alpen.

Von hier schreiten wir wieder die Treppen nach unten auf den zentralen Platz mit den farbigen Glasdächern. Um nun zum Botanischen Garten zu gelangen, betreten wir das blaue Universitätsgebäude A und folgen innen den Schildern mit dem roten Bussymbol Richtung zentrale Bushaltestelle. Dort angekommen, folgen wir dem Fußweg entlang der Busausfahrt, bis an der nächsten Kurve der ausgeschilderte Weg zum Botanischen Garten rechts hoch über den oberen Uniparkplatz bis zur Eggerhaldestraße führt. Der Wanderweg verläuft nun rechts der Straße. Falls die Institutsgebäude abgeschlossen sind, gehen wir einfach zurück und folgen unterhalb der Campusgebäude zunächst dem Weg in Richtung Mainau. Nach einigen Metern zweigt im Wald ein ausgeschilderter Fußpfad nach links in Richtung „St. Katharina" ab. Wir folgen dem Weg bergauf und gelangen auf den mit einem gelben Rautenzeichen gekennzeichneten Fußpfad rechts der Eggerhaldestraße, der am Uni-Parkplatz in den Allmannsdorfweg mündet.

Nach weiteren rund 400 m Fußmarsch erscheint linker Hand der **Botanische Garten** der Universität im Schatten der Kamine des Uni-Heizkraftwerks. Der Schaugarten mit den Gewächshäusern ist relativ klein. Wir spazieren nun den mit einem rot-gelben Rautenzeichen und der Jakobsmuschel gekennzeichneten alten Pilgerweg in leichtem Bogen nach rechts weiter und erreichen nach 450 m die Lichtung des ehemaligen Klosters St. Katharina.

Klostergebäude im Dornröschenschlaf: St. Katharina

Vom ehemaligen Augustiner-Eremitenkloster existiert heute nur noch ein Gebäudetrakt und ein kurzes Stück der alten Klostermauer. Das lange Zeit als Ausflugsgaststätte genutzte Anwesen steht heute leer und macht einen traurigen Eindruck. Keine Tafel erinnert an das Kloster und seine wechselvolle Geschichte. Beim Blick durch die Fenster erkennt man noch die niedrigen Governorsusume des Wirtshauses im Mainauwald mit dem alten Kachelofen.

St. Katharina Dieser abgelegene Ort im Mainauwald war anfänglich die Behausung eines Einsiedlers mit einer kleinen Kapelle. Ab 1436 wirkten hier 10 bis 15 Nonnen, die sich der Pflege von Kranken, der Beherbergung von Jakobspilgern und der kleinen Landwirtschaft annahmen. Das Kloster war ärmlich und eng an den Deutschen Orden auf der Mainau gebunden. In den Wirren der Reformation gelangte 1542 das Kreuz von der Heiligkreuzkapelle Bernrain bei Emmishofen in das Waldklösterchen. Da ihm wundertätige Kräfte nachgesagt wurden, entwickelte sich das Kloster plötzlich zum Ziel zahlreicher Wallfahrer, was sich bald auch positiv auf seine wirtschaftliche Situation auswirkte. 1664 schien dieser Geldsegen wieder zu versiegen, denn St. Katharina musste im Zuge der Gegenreformation auf Druck des Bischofs und des Deutschen Ordens sein „Tischleindeckdich" wieder an Bernrain zurückgeben. Diese Rückgabe scheint aber mit Gegenleistungen verbunden gewesen zu sein, denn 1667 konnte das Kloster seine Anlage plötzlich erweitern und eine größere Kirche bauen. 1808 machte die Säkularisation alle Pläne der Nonnen zunichte, und die Klosterzeit im Mainauwald fand ihr plötzliches Ende. St. Katharina wurde aufgelöst und das Inventar von Kloster und Kirche in den umliegenden Dörfern verschleudert. Die Gebäude wurden verkauft und ein Klosterflügel schon bald in eine Ausflugsgaststätte umgewandelt. Die übrigen, ungenutzten Klausurgebäude und die Klosterkirche fielen nach und nach der Spitzhacke zum Opfer.

Besonders als 1919 das Ehepaar Riesterer die Gaststätte übernahm, wurde St. Katharina ein beliebtes Ziel für Ausflügler von nah und fern. Auch diese Zeit fand 1965 ein abruptes Ende, als das urige Lokal mit seinen niedrigen Decken und knarrenden Holzböden wegen der fehlenden Wasser- und Stromanschlüsse von Amts wegen geschlossen wurde. Die beiden inzwischen ebenfalls in die Jahre gekommenen Töchter Riesterer hatten die Waldschenke bis zum Schluss mit Petroleumleuchten und Plumpsklos geführt. Seit sie Ende der 1980er Jahre aus dem Gebäude ausziehen mussten, ist St. Katharina mehr oder weniger dem Verfall preisgegeben.

Wir biegen nun nach dem Gemäuer rechts ab und folgen dem Jakobsweg in den Mainauwald. An der nächsten größeren Wegkreuzung nehmen wir den mittleren (linken) Weg talwärts. Nach einiger Zeit macht der Waldweg oberhalb eines Regenrückhaltebeckens an der Mainaustraße einen Schwenk nach rechts, und wir gelangen unten über eine Fußgängerrampe zum Parkplatz und zum Eingang der Insel Mainau. Wer die Insel und ihre Parkanlagen besuchen möchte, muss hier noch vor dem Inseldamm seinen Obolus entrichten.

*Farbenrausch:
Blumentiere auf der Mainau*

Insel Mainau Die Mainau ist ohne Zweifel einer der größten Besuchermagnete des Bodensees. Jedes Jahr kommen rund 1,6 Millionen Besucher aus aller Welt auf die Blumeninsel. Mit einer Fläche von 45 ha ist sie das drittgrößte Eiland im See. Bedingt durch das milde Bodenseeklima gedeihen auf der tropfenförmigen Insel auch einige Palmenarten und andere subtropische, teilweise auch tropische Pflanzen. Grundstock für die Blumeninsel war und ist das im 19. Jahrhundert durch Großherzog Friedrich I. von Baden angelegte parkähnliche Arboretum mit seinen 500 verschiedenen Laub- und Nadelgehölzarten. Darunter einer der ältesten Urweltmammutbäume (Metasequoia glyptostroboides) Deutschlands, der 1951 als kleiner Setzling aus China hierher auf die Mainau kam. Das lebende Fossil galt bis dahin in der Fachwelt als ausgestorben und bildet heute – nach weiteren Pflanzungen im Jahr 1958 – eine ganze Allee. Die Parkverwaltung ist auch sehr stolz auf ihre prächtigen Exemplare des kalifornischen Riesenmammutbaumes (Sequoiadendron giganteum), die bereits 1864 in großer Zahl auf der Insel gepflanzt wurden. Sie gehören jetzt zu den ältesten ihrer Art in Europa. Darüber hinaus gedeihen hier kostbare Zedern, Maulbeer- und Tulpenbäume.

Das Arboretum dehnt sich nordwestlich des Schlosses über die kleine Inselhochfläche aus. Auf der Mainau gibt es natürlich zahlreiche weitere Naturattraktionen, die alle gut ausgeschildert sind. Eine wirkliche Besonderheit

Hundertjähriger Weißer Maulbeerbaum

ist das **Schmetterlingshaus**. Mit seinen 700 bis 1000 bunten Faltern aus rund 80 verschiedenen Arten, die in einer künstlich geschaffenen tropischen Naturlandschaft mit Wasserfall und einem kleinen See umherflattern, ist es das Größte seiner Art in Deutschland. Die Gartenanlage um das Schmetterlingshaus ist den heimischen Schmetterlingen gewidmet, die sich dort auf natürliche Weise vermehren können.

Darüber hinaus gibt es einen Weinlehrpfad und einen **italienischen Rosengarten**, in dem ungefähr 500 verschiedene Rosensorten ihre Farbenpracht entfalten. Ein weiterer Höhepunkt ist neben dem **Barockschloss** und der **Schlosskirche St. Marien** aus dem 18. Jahrhundert das an das Schloss angebaute **Palmenhaus** mit seinen mehr als 20 Palmenarten, darunter eine 1888 gepflanzte, 15 m hohe Kanarische Dattelpalme (Phoenix canariensis).

Historische Gartenpracht mit modernem Palmenhaus

Jedes Frühjahr entfalten hier rund 3000 Orchideen ihre exotische Farbenpracht, und im Herbst erblühen über 12 000 Dahlien in allen Farben und Formen. Darüber hinaus finden ständig saisonale Blumenschauen sowie unterschiedlichste Ausstellungen und Veranstaltungen im Park oder im Schloss statt. Wer sich mit aktuellen ökologischen Themen auseinandersetzt, kann sich darüber im Infozentrum des **Gärtnerturms** informieren. Mehrere gastronomische Betriebe wie das Schlosscafé sind über die Insel verteilt und sorgen für das leibliche Wohl der Besucher. Im **Comturey-Turm** an der Ostseite des Schlosses aus dem 13. Jahrhundert befindet sich ein großes Kellergewölbe mit einem rund 300 Jahre alten Zehntfass, welches 25 000 Liter Wein fasste. Heute beherbergt der Turm eines der viel besuchten Restaurants der Mainau-Gastronomie.

Blick auf den Gärtnerturm mit dem Umwelt-Infozentrum

Geschichte der Mainau Wer die Mainau heute erlebt, kann sich kaum vorstellen, was für eine bewegte Geschichte die kleine Insel schon erlebt hat. Nach frühen Siedlungsphasen während der Keltenzeit wird die strategisch günstige Mainau im 5. und 6. Jahrhundert alemannisches Herzogsgut und später Teil eines fränkischen Königsguts. Die Mainau wurde Rittersitz. Im 13. Jahrhundert kam sie an den Deutschherrenorden, der dort eine Burg und ein Kloster, die „Kommende Mainau", bauen ließ. In dieser Zeit entstand der Comturey-Turm als Wohnturm, dessen oberer Teil jedoch im 18. Jahrhundert abgetragen und in eine Terrasse fürs Schloss verwandelt wurde. Die Kommende kam bald zu großem Wohlstand und hatte eine eigene niedere und hohe Gerichtsbarkeit inne. Da Reichtum immer auch Neider und Feinde anlockt, musste 1588 zur Bewachung der sogenannte Schwedenturm errichtet werden. Aus derselben Zeit stammt auch die bronzene Kreuzigungsgruppe am Überweg zur Insel. Um dieses Schwedenkreuz rankten sich nach der völligen Verwüstung der Mainau durch die Schweden im Dreißigjährigen Krieg viele Legenden, wodurch es sich in der Folgezeit zu einem bedeutenden Wallfahrtsziel entwickelte.

Rätselhafte Vergangenheit: das Schwedenkreuz

Die Kreuzigungsgruppe soll ursprünglich oben bei der Schlosskirche gestanden haben. Als die Schweden während des Dreißigjährigen Krieges die geplünderte Insel wieder freigaben und abzogen, sollen sie auch die Kreuze aus ihrer Verankerung gerissen haben, um sie mitzunehmen. Beim Abtransport wurden sie am Berg bei Litzelstetten plötzlich so schwer, dass sich der Wagen mit zwei vorgespannten Pferden nicht mehr von der Stelle bewegen ließ. Auch zehn weitere vorgespannte Pferde konnten nichts ausrichteten. Verärgert ließen die Schweden den Karren stehen und zogen mit den Pferden ab. Andertags soll ein Litzelstetter Bauer den Wagen mit den ihm wohlbekannten Kreuzen entdeckt haben. Er spannte seine beiden Ackergäule davor und brachte die drei sakralen Skulpturen mühelos zum Mainausteg, wo sie von Bauern wieder aufgestellt wurden. Eine andere Erzählung besagt, dass die Kreuzigungsgruppe als Dank für den gestoppten Vormarsch der Schweden auf einem alten schwedischen Kanonenrohr am Seeufer aufgestellt wurde. Im 18. Jahrhundert ließ man die alte Kommende abreißen und durch den berühmten Baumeister des Deutschen Ordens, Johann Caspar Bagnato, das heutige Barockschloss und die Kirche St. Marien errichten. Nach der Säkularisation 1806 verlor der Deutsche Orden die Mainau an das neu gegründete Großherzogtum Baden.

In der Folgezeit wechselte die Insel zwischen Besitzern aus österreichischen, schwedischen und englischen Königshöfen und herzoglichen Häusern, die ent-

Fast wie in tropischen Gefilden: Kirche und Barockschloss auf der Mainau

sprechend dem Zeitgeschmack begannen, die Insel in einen englischen Landschaftspark umzuwandeln. Schließlich kam sie wieder zum Haus Baden, das unter Friedrich I. hier seine Sommerresidenz mit einem blühenden Park einrichten ließ. Als 1928 sein Sohn Friedrich II. von Baden kinderlos starb, vermachte er die Mainau der Schwester seines Vaters, Viktoria, die den späteren schwedischen König Gustav V. geheiratet hatte. So kam die Insel in den Besitz des schwedischen Königshauses. 1932 übertrug Prinz Wilhelm von Schweden die Verwaltung der inzwischen völlig verwilderten Insel Mainau seinem 23-jährigen Sohn Prinz Lennart Bernadotte, der sich von nun an völlig der Umgestaltung des Parks zu einem Blumenparadies widmete. Nach der Heirat mit einer Bürgerlichen verzichtete er auf Titel und Thronfolge und zog sich ganz auf die Mainau zurück. Den Zweiten Weltkrieg erlebte er im neutralen Schweden und verpachtete die Insel an die Organisation Todt des Rüstungsministers Albert Speers, die hier ein gehobenes Erholungsheim für Offiziere einrichten wollte.

Nach Kriegsende nutzten die französischen Besatzungsmächte das Schloss als Sanatorium für schwerstkranke Häftlinge aus dem Konzentrationslager Dachau. Bald darauf kam die Insel wieder in den Besitz von Graf Bernadotte, der nun erfolgreich seine ehrgeizigen Pläne zum Aufbau der Mainau als Natur- und Blumeninsel in die Tat umsetzte. Später heiratete er seine zweite Frau Sonja und gründete mit ihr die Lennart-Bernadotte-Stiftung, die fortan die Verwaltung der Insel übernahm und in die heute die fünf Kinder des Paars eingebunden sind. Seit dem Tod von Gräfin Sonja Bernadotte hat ihre Tochter Bettina die Geschäftsführung übernommen.

Wer hier wieder nach Egg zurückwandern möchte, folgt der mit Platanen angelegten Graf-Lennard-Bernadotte-Allee in Richtung Konstanz. Der am Kassenbereich der Mainau vorbeiführende Weg ist gut ausgeschildert. Nach einiger Zeit erscheinen auf der rechten Seite die Kletterwände und Sportplätze der Universität und nach dem Eingang zum Hochschul-Wassersportgelände und zum Hochseilgarten auf der linken Seite sind es bis Egg und damit dem Ausgangspunkt nur noch wenige Schritte.

9 Uferwelt: Von Klein Venedig über die künstlerische EU-Außengrenze zum Ölberg und dem Märchenschloss

Rundtour durch Kreuzlingen und den Seeufer-Park

Streckenlänge: 6,5 km

Die Tour beginnt am Konstanzer Festplatzgelände **Klein Venedig** am südlichen Ende der Hafenstraße. So romantisch dieser Name klingen mag, so ernüchternd ist seine Entstehungsgeschichte, denn die Konstanzer verdanken ihre Festwiese ihrer früheren Mülldeponie direkt im Uferbereich. Diese heute unvorstellbare Tatsache war eines der Hauptargumente gegen das hier geplante Konzert- und Kongresshaus, denn die Gegner befürchteten, dass bei den Bauarbeiten gefährliche Deponiegiftstoffe freigesetzt werden könnten.

Von der Hafenstraße gehen wir links vom **Sea Life Center** vor bis zum Seeufer. Im Sea Life Center wird in über 40 Süß- und Salzwasserbecken die Unterwasserwelt von Flüssen und Ozeanen dargestellt. Zum See hin befindet sich ein Selbstbedienungsrestaurant mit einem Außenbereich zwischen künstlich angelegten Wasserflächen. Vom Ufer bietet sich ein schöner Blick auf den Konstanzer Hafenbereich mit den Türmen von Bahnhof, Stephanskirche und Münster sowie auf die fast endlos erscheinende glitzernde Wasserfläche des Sees. Zahlreiche Segeljachten und Motorboote liegen an der Hafenmole und warten auf ihren nächsten Trip durch Wind und Wellen. Der Uferweg führt uns nun nach Süden, und nach ca. 200 m begegnen wir ganz außergewöhnlichen Kunstwerken. Große runde und eckige Gebilde aus rotlackiertem Edelstahl stehen in einer Linie in südwest- bzw. nordöstlicher Richtung. Auf den ersten Blick könnte man meinen, man sei auf die Überreste eines Stahlwerks gestoßen. Wir haben die **Kunstgrenze** erreicht, die seit 2007 den seit dem Zweiten Weltkrieg bestehenden Grenzzaun zwischen Deutschland und der Schweiz ersetzt. Statt undurchdringlichem Maschendraht säumen heute rund 8 m hohe Skulpturen die Staats- und heutige EU-Außengrenze.

Grenzenlose Kunst: die Kunstgrenze

Der Künstler Johannes Dörflinger hat dafür die Trümpfe aus der „Großen Arkana" des Tarots gewählt. Die Figurentitel sind in deutscher, englischer, französischer und italienischer Sprache in den Edelstahlsockel eingraviert. Dörflinger führt hierzu aus, dass ihm am Thema Tarot immer schon die „Verdichtung allgemeinmenschlicher Erfahrungen im Symbol" gereizt habe. Für ihn hat Tarot nichts mit Wahrsagerei zu tun, sondern ist in seiner ursprünglichen Form Träger alter Weisheiten und menschlicher Sehnsüchte.

Wir setzen die Wanderung entlang dem Uferweg fort und kommen am „Freiheitsbaum" der Schweizer Künstlerin Maja Wiesmann-Gautschi vorüber. Sie setzt sich in ihrem Werk, einem sich bei Wind drehenden Gebilde in allen Farben des Regenbogens, mit den Themen „Freiheit" und dem „Aufbruch zu Neuem" auseinander. Nach wenigen Schritten erreichen wir die Bucht des recht beschaulich wirkenden Kreuzlinger Hafens mit seiner kleinen Platanenallee und dem Hafenrestaurant. Wer es noch nicht realisiert hat, dem wird spätestens jetzt an einigen ungewohnten Schildern und einigen freundlichen Begrüßungen mit „Grüezi" klar, dass er sich auf Schweizer Boden befindet. Es ist immer wieder ein interessantes Phänomen, dass sich eine irgendwann einmal gezogene politische Grenze im Laufe der Jahrhunderte zu einer kulturellen und sprachlichen Grenze entwickelt.

Nach dem Hafenrestaurant biegen wir rechts ab und folgen dem mit dem Schweizer Wappen gekennzeichneten Fußweg bis zum Kreuzlinger Hafenbahnhof an der Hafenstraße, die wir überqueren. Rechts der Gaststätte „Bahnhof-Hafen" wandern wir die Pestalozzistraße bergauf und kommen an verschiedenen Wohnhäusern und der Kreuzlinger Kantonsschule vorbei. Oberhalb davon halten wir uns beim modernen Kreuzlinger Sport- und Kulturzentrum Dreispitz links und wandern über den modern mit schwarzen Bodenplatten gestalteten Außenbereich in Richtung **Kloster Kreuzlingen**.

Prachtvolles Barock und Rokoko: Innenraum der Kreuzlinger Klosterkirche

Vor dem imposanten Klosterkomplex führt uns nun der Obere Schulweg entlang der kleinen Friedhofsmauer hoch zur Hauptstraße. Nach wenigen Schritten erreichen wir über sie den Eingang zur ehemaligen Klosterkirche St. Ulrich und Afra, die heute meist nur St. Ulrich genannt wird.

Kreuzlingen und sein Kloster Die Geschichte Kreuzlingens ist eng mit der Gründung seines Klosters verbunden. Von 935 bis 976 war Konrad I. Bischof in Konstanz. Von einer seiner Reisen ins Heilige Land brachte er einen Kreuzpartikel mit, dem er einem von ihm gestifteten Spital in der Konstanzer Vorstadt Stadelhofen schenkte, das deshalb den Namen „Crucelin" (Crucis Lignum = Holz vom Kreuz) erhielt. Später entstand daraus der Name „Creuzlingen". 1093 wurde dieses Hospiz im Streit zwischen dem Abt von St. Gallen und dem Bischof von Konstanz in Brand gesteckt. Anfang des 12. Jahrhunderts war Ulrich I. von Dillingen Bischof von Konstanz und erneuerte um 1125 die geschwächte Kreuzlinger Stiftung, indem er an der östlichen Grenze der Konstanzer Vorstadt Stadelhofen ein Chorherrenstift nach der Regel des heiligen Augustinus gründete. Zur Zeit des Konstanzer Konzils (1414–1418) beherbergte das Kloster den später abgesetzten Papst Johannes XXIII. Als nach dem Schwabenkrieg 1499 der Herzog von Mailand den Eidgenossen alle Rechte im Thurgau und somit auch in Kreuzlingen zusprach, zerstörten die Konstanzer das Kloster aus Wut über den Verlust. Trotz der eidgenössischen Neutralität wurden das Kloster und der Ort 1633 im Dreißigjährigen Krieg ein zweites Mal durch die Konstanzer dem Erdboden gleich gemacht. Die neue Anlage entstand nun etwas weiter entfernt von Konstanz, und 1653 kam es zur Einweihung der heutigen Kirche. Ihre jetzige Form erhielt sie bei der Umgestaltung im 18. Jahrhundert im Stil des Rokokos. Eine besondere Kostbarkeit im Kircheninneren ist die 250 Figuren zählende Ölberggruppe aus Arvenholz (18. Jahrhundert) sowie das prächtige Chorgitter aus dem Jahr 1737. Einen schweren wirtschaftlichen Einbruch verursachte die Helvetische Revolution von 1798, wodurch zahlreiche Besitztümer verloren gingen. Um das Überleben des Klosters zu sichern, wurde dem Kloster nun eine Schule angegliedert. Dies verhinderte die Schließung allerdings nur für kurze Zeit, denn 1848 hob die Thurgauer Regierung das Kloster endgültig auf und richtete in den Stiftsgebäuden das bis heute bestehende Lehrerseminar ein. Im Jahr 1874 wurde die umliegende Gemeinde Egelshofen in Kreuzlingen umbenannt und 1947 zur Stadt erhoben. 1963 geriet das Kloster mit der Kirche in Brand und wurde schwer beschädigt. Erst auf Druck der Bevölkerung wurde die Kirche originalgetreu wiederaufgebaut. In den ehemaligen Klostergebäuden befindet sich heute die „Pädagogische Maturitätsschule Kreuzlingen". Sie bildet gemeinsam mit der Pädagogischen Hochschule und der Kantonsschule Kreuzlingen den „Campus Bildung Kreuzlingen".

Filigrane Schmiedekunst: Detail am Chorgitter

Wir gehen nun die Hauptstraße an den ehemaligen Stiftsgebäuden entlang weiter und biegen an der nächsten Möglichkeit nach links in den östlichen Klostergarten mit einem schönen spätbarockem Brunnen ein. Nach einem kurzen Spaziergang entlang dem südlichen Stiftsflügel mit prächtigem

Treppenhaus des Guyerbaus

Barockportal gelangen wir über einen Treppenabgang, vorbei an einem hübschen Gartenhäuschen, zu den 1970–1972 errichteten sogenannten **Guyerbauten**. Diese durch das bekannte Zürcher Architektenehepaar Rudolf und Esther Guyer spartanisch gestalteten Gebäude aus rotem Sichtbeton sind Teil des Kreuzlinger Campus und beherbergen heute die Fachbereiche Sport, Musik und Naturwissenschaften. Die Monotonie der funktionalen Architektur wird lediglich durch organisch geformte Brunnengebilde aus Beton und Marmor unterbrochen.

Vor der Brunnenanlage im unteren Innenhof biegen wir nach rechts ab und gelangen so in die Klosterhofstraße und den sich fortsetzenden Fußpfad, über den wir östlich des Sportplatzes bis zur Hafenstraße bergab spazieren. Nun halten wir uns rechts und überqueren die Straße am Fußgängerweg an der Kreuzung mit der Weidenstraße. Auf der gegenüberliegenden Seite wandern wir auf der Promenadenstraße kurz in Richtung See weiter und

Märchenhaft: Seeseite von Schloss Seeburg

biegen nach den Bahngleisen schräg links in den Park von **Schloss Seeburg** ein. Gleich zu Beginn informiert eine Schautafel vor einer größeren Rebfläche über den Bio-Weinanbau im Seeburgpark. Wir wandern den Fußweg, links an einem eiszeitlichen Findling vorbei, geradeaus weiter und erreichen nach einigen großen Mammutbäumen und einem uralten japanischen Schnurbaum das idyllisch auf einer kleinen Anhöhe über dem Bodensee gelegene Schloss. Der 1598 an dieser Stelle als „Neuhorn" erbaute erste Adelssitz diente später dem Kreuzlinger Kloster als Sommerresidenz. 1633, während des Dreißigjährigen Krieges, brannte es vollständig aus und wurde erst 1664 unter Abt Augustin I. Gimmi wiederhergestellt. Ab 1833 zog das Thurgauer Lehrerseminar mit dem weit über die Landesgrenzen hinaus bekannten Pädagogen Johann Jacob Wehrli als Direktor in die ehrwürdigen Mauern ein. Einige Jahre später fiel die Seeburg nach der Klosteraufhebung an den Kanton Thurgau, der daraufhin das Seminar ins Kloster verlegte und das ehemalige Schloss veräußerte. Schließlich kaufte es Gottfried Ferdinand Amman und ließ es 1870 im damals auch in der Schweiz beliebten Stil des Historismus umbauen. Sein Traumdomizil stand bis zur Aufschüttung des Uferbereichs in den 1960er Jahren direkt am See. Heute liegt das Schloss mit dem Seeburgpark im Zentrum des Kreuzlinger Freizeitgeländes „Seeufer-Park" und beherbergt neben einem Institut der Konstanzer Universität ein Restaurant mit schöner Gartenterrasse.

Wir gehen links am Schloss vorbei. Auf der linken Seite befindet sich ein interessanter Heil- und Gewürzkräutergarten und dahinter ein Schaugehege für vorwiegend heimische Nutztiere. Der Weg führt nun direkt unterhalb des Schlosses zwischen mächtigen alten Buchen durch ein kleines Tor in den Rosengarten. Mit dem palmenumsäumten Springbrunnen, einem weiteren eigenwillig gewachsenen Schnurbaum und der verwunschenen Schlossanlage über dem weiten See ist es einer der malerischsten Orte Kreuzlingens. Wir verlassen den Garten wieder durch das efeuumrankte Tor gegenüber und spazieren unterhalb eines beschaulichen Wohnhauses mit Staffelgiebeln den leicht ansteigenden Fußweg hoch bis zum Seeweg, den wir nach links gehen. Inmitten von Wiesen sehen wir etwas oberhalb die stilvolle **Villa Hörnliberg**, in der seit 1970 die Kreuzlinger Jugendherberge untergebracht ist. Durch das hübsche, 1896 als „Villa Cecilie" erbaute Haus und die einmalige Lage oberhalb des Seeufers ist sie eine der schönsten und attraktivsten Jugendherbergen der Region.

Prachtvolle Behausung in ländlicher Idylle: die Kreuzlinger Jugendherberge

In dem schnuckeligen Häuschen links davor, dem ehemaligen Waschhaus, sind Bodensee-Landschaftsbilder des 19. und 20. Jahrhunderts ausgestellt. Das „Wöschhüsli" ist Teil des **Seemuseums**, das wir nach wenigen Metern erreichen. In der malerischen Kornschütte aus der Klosterzeit erfährt man auf 1500 m² Ausstellungsfläche alles Wissenswerte über die Geschichte der Fischerei, die Schifffahrt und das Leben der Menschen am See. Wir gehen oberhalb des Museums einige Schritte weiter und biegen in der nächsten Kurve nach links in einen Fußweg ein, der uns in südlicher Richtung bis zum Kreuzlinger Seglerhafen führt. Nach kurzer Zeit gelangen wir an einen schilfbestandenen Weiher, einen kleinen Seitenarm des Bodensees. Mithilfe eines Storchenprojekts gelang es hier, dass nun erstmals seit 1950 wieder Weißstörche im Land der Eidgenossen brüten. Allerdings braucht man schon eine gehörige Portion Glück, um einen der seltenen Adebare zu erspähen. Eine weitere Besonderheit ist die große Artenvielfalt von Fledermäusen im Park. In der Dämmerung können wir lichtscheue Zeitgenossen wie die Rauhautfledermaus, den großen Abendsegler oder die nur 4 cm lange Mückenfledermaus beobachten, wenn sie ihre speziellen Nistkästen und hohlen Baumstümpfe verlassen und auf Insektenjagd gehen.

Wer eine Einkehrmöglichkeit sucht, wandert auf der Promenadenstraße bis zum Restaurant Seegarten oder zum reizvoll am Seeufer gelegenen Fischerhaus weiter. Vom Fischerhaus kann man auch mit der **Solarfähre „Sole Mio"** wieder zum Konstanzer oder Kreuzlinger Hafen zurückfahren. Der 10 m lange Solarkatamaran wird von einem 1,7 kWp starken Solargenerator angetrieben und bietet Platz für 12 Fahrgäste. Da die Energie mit 16 Akkus gespeichert wird, fährt die „Sole Mio" bei jedem Wetter. Ist der Wasserspiegel nach längerer Trockenheit allerdings zu niedrig, kann die Haltestelle Fischerhütte nicht mehr angefahren werden.

Ansonsten biegen wir direkt vor dem Kreuzlinger Seglerhafen nach links ab und gehen vor bis zum Seeuferweg, auf dem wir nun wieder zurück in Rich-

Klimafreundliches Reisen: Solarfähre „Sole Mio"

tung Konstanz spazieren. Einzelne Boote dümpeln auf den Wellen, und abgesehen von den kreischenden Klagelauten einiger Möwen und dem verhaltenen Schnattern und Quaken von Entenpärchen und Blässhühnern herrscht hier völlige Ruhe. Der Weg führt uns bis zum Kreuzlinger Hafen, direkt durch den weitgehend naturbelassenen bzw. durch Renaturierungsmaßnahmen ökologisch aufgewerteten Uferbereich. Zahlreiche ökologische Schautafeln erläutern die naturkundlichen Besonderheiten am Wegrand. Direkt unterhalb vom Schloss Seeburg führt ein Beobachtungssteg für Amphibien mit zahlreichen Informationstafeln über einen kleinen Weiher. Selten bietet sich die Möglichkeit, wie hier aus nächster Nähe Einblicke in die fremde Welt von Molchen, Kröten und Fröschen zu gewinnen.

Auf der ganzen Wegstrecke bietet sich bei klarem Wetter ein herrlicher Ausblick auf die Konstanzer Altstadt und das gegenüberliegende Seeufer mit der Bodensee-Therme, das Strandbad Horn und das östlich dahinter liegende Meersburg. Kurz vor dem Kreuzlinger Hafen erreichen wir den im Jahr 2000 aus dicken Douglasienstämmen errichteten „Besichtigungsturm". Mit seinem großen Grasdach erinnert das hölzerne Gebilde an einen gigantischen Eichhörnchenkobel. In rund 10 m Höhe hat man einen schönen Blick auf die Seeufer-Anlage, den Kreuzlinger Hafen und die dazwischen liegende „Wollschweininsel". Auf diesem künstlich aufgeschütteten Inselchen mit mehreren Binnenweihern leben im Winter selten gewordene Wollschweine. Diese „ehrenamtlichen" Reservatspfleger sorgen unter lustvollem Grunzen dafür, dass das wertvolle Ökotop, auf dem im Sommer viele seltene Vogelarten brüten und rasten, nicht völlig zuwächst. Auf der anderen Seite des Weges steht etwas verwegen auf einem Granitsockel die 1930 geschaffene Bronzeplastik „Frau im Wind" des Schweizer Künstlers Henri König.

Nach dem Kreuzlinger Hafenbecken gelangen wir wieder über denselben Weg zur Kunstgrenze und schließlich zurück zum Ausgangspunkt Klein Venedig.

Ausflugstipps für lohnende Ziele in der näheren Umgebung

Konstanz ist nicht nur eine wunderschöne Stadt am See, sondern auch ein idealer Ausgangspunkt für lohnende Ausflüge. Man braucht dafür nicht weit zu reisen, denn viele Sehenswürdigkeiten warten sozusagen direkt vor den Toren der Stadt auf ihre Erkundung. Bekannte Highlights sind Meersburg und die Insel Reichenau, wo es auch bei wiederholten Besuchen immer wieder viel Neues zu Entdecken gibt. Weitere attraktive Ziele befinden sich in der nahen Schweiz, und auch der Hegau mit seinen imposanten Vulkanbergen ist mit dem Regionalzug „Seehaas" oder über die B 33 gut erreichbar. Hier eine kleine, aber feine Auswahl an Ausflugsmöglichkeiten:

A   Klosterinsel Reichenau, Weltkulturerbe der UNESCO

Die Reichenau ist nicht nur die größte Insel des Bodensees, sie besitzt auch eine außergewöhnlich ruhige, fast kontemplative Ausstrahlung. Das fruchtbare und klimatisch milde Eiland wird heute fast ganz zum Anbau von Obst, Wein und Gemüse genutzt, und beim Anblick der vielen Salatfelder und Gewächshäuser kann man sich kaum noch vorstellen, dass dieses Fleckchen Erde einmal ein religiöses und kulturelles Zentrum von europäischer Bedeutung war.

Man erreicht die Insel seit 1838 über einen Damm mit eindrucksvoller Pappelallee und wird am Eingang vom Wanderbischof und Klostergründer Pirmin begrüßt. Das in Stein gehauene Kunstwerk der Pforzheimer Bildhauerin Gisela Bär erinnert daran, dass nun ein außergewöhnlich geschichtsträchtiger Ort mit alter klösterlicher Tradition betreten wird.

Beschauliches Inselleben: Wohnhäuser in Reichenau-Mittelzell

Geschichte der Reichenau – Reich der Geschichte Von Pirmin und der Gründung des Benediktinerklosters Reichenau 724 erzählt eine alte Legende: Der alemannische Adelige Sintlas, Besitzer der ganzen Gegend, bat den Wanderbischof, in diesem weitgehend heidnischen Landstrich eine Kapelle zu bauen. Pirmin wählte als Platz die Insel Reichenau, die damals von einem unwirtlichen Urwald bewachsen und voll von Schlangen, Kröten und Insekten gewesen sein soll. Dort, wo Pirmin zuerst seinen Fuß auf die Insel setzte, bildete sich eine Quelle. Die lästigen Kleintiere aber sollen innerhalb von drei Tagen von der Insel geflohen und über den See geschwommen sein. Pirmin und seine Begleiter rodeten nun das „befreite" Gebiet und gründeten ein Kloster. Die Legende hat wohl auch einen wahren Kern, denn dass Kloster trug anfangs den Namen „Sintleozesave"; es wird vermutet, dass der Adelige in der Klosterkirche begraben wurde.

Das fruchtbare Eiland, die „reiche Au", erlebte nun über drei Jahrhunderte hinweg eine außergewöhnliche Blütezeit. Noch heute zeugen prächtige Kirchenbauten von dieser „Wiege abendländischer Kultur". Die Benediktinerabtei in Reichenau-Mittelzell entwickelte sich zu einem bedeutenden Zentrum für Wissenschaft und Kunst. In der Klosterschule unterrichteten namhafte Lehrer. Die Klosterbibliothek, die Reichenauer Goldschmiedekunst und vor allem die „Reichenauer Malschule" für Buch- und Wandmalerei suchten im 10. und 11. Jahrhundert in Europa ihresgleichen. Wichtigstes sichtbares Erbe sind heute die drei romanischen Kirchen von Nieder-, Mittel- und Oberzell. Sie blieben weitgehend in ihrer frühen Form erhalten, weil das Inselkloster bereits ab dem 11. Jahrhundert wieder an Bedeutung verlor und in den folgenden Jahrhunderten verarmte. Aus heutiger Sicht ein Glücksfall, sonst wären die Kirchen spätestens im 18. Jahrhundert prachtvollen Barockbauten gewichen. Das Welterbekomitee der UNESCO hat im November 2000 die gesamte Reichenau zur Weltkulturerbestätte erklärt. Die Insel sei ein herausragendes Zeugnis der religiösen und kulturellen Rolle eines großen Benediktinerklosters im Mittelalter. Seit dieser besonderen Auszeichnung informieren drei moderne Museumsbauten – jeweils in der Nähe der Kirchen – in Form eines Informationsnetzwerkes sowie das „Museum Reichenau" über das Weltkulturerbe. Während die Museen an den Kirchen von Ober- und Niederzell hauptsächlich die Baugeschichte und Architekturdetails der jeweiligen Kirchen erläutern, kann man im größten der neuen Museumsgebäude in Reichenau-Mittelzell geradezu ins Mittelalter eintauchen.

In einem abgedunkelten Raum wird mit modernsten Medien das Goldene Zeitalter der Reichenau wieder zum Leben erweckt. Zu den Ausstellungsthemen gehören u. a. die Baugeschichte des Münsters und der Abtei, die frühen Dichtungen des Mönchs Walahfrid Strabo und das Wirken des vielseitig begabten Gelehrten und Künstlers Hermann der Lahme, der in der ersten Hälfte des 11. Jahrhunderts u. a. eine große Weltchronik verfasst und das Lied „Salve Regina" komponiert hatte. Eine weitere Kostbarkeit und ebenfalls Thema des Museums ist der auf der Reichenau entstandene sogenannte St. Galler Klosterplan aus dem frühen 9. Jahrhundert. Im benachbarten „Museum Reichenau" im mittelalterlichen Bau des alten Rathauses von Mittelzell wird vor allem die Geschichte der Reichenauer Bevölkerung dargestellt. Das Gebäude selbst ist schon sehenswert, ist es doch eines der ältesten erhaltenen Rathäuser in Süddeutschland.

Kommt man vom Festland her auf die Insel, erreicht man zuerst die auf einer kleinen Anhöhe stehende **Stiftskirche St. Georg** in Reichenau-Oberzell. Beim Betrachten der dicken, alten Mauern mit den kleinen Fenstern und dem gedrungenen Turm fühlt man sich an frühe Kirchen im mediterranen Raum

Mittelalterlicher Zauber: St. Georg in Oberzell

erinnert. Die spätkarolingische und ottonische Basilika hat niedrige Seitenschiffe, einen Vierungsturm sowie einen rechteckigen, am Turm hochgezogenen Ostchor. Das fast archaisch anmutende Sakralgebäude entstand bereits um 900 unter Abt Hatto III. Später kamen geringfügige Erweiterungen hinzu, und im 15. Jahrhundert wurde die Vierung unter dem Turm mit einem Gewölbe versehen. Den Bau legten die Baumeister für die damalige Zeit außergewöhnlich großzügig an, damit ein möglichst würdiger Raum für die Aufbewahrung und Verehrung der Reliquien des heiligen Georg entstand.

Von unschätzbarem Wert sind die hervorragend erhaltenen ottonischen Wandmalereien aus der Zeit um 1000, die in dieser frühen Form und Fülle einzigartig sind. Sie geben Zeugnis von der damals hoch entwickelten Malkunst des Klosters. In den Bildern des Langhauses werden verschiedene Wundergeschichten von Jesus erzählt. Sie weisen Christus für die häufig noch in der alten germanischen Religion der Alemannen verwurzelte und des Lesens unkundige Bevölkerung als Herrn über Leben und Tod und als Herrscher über Krankheiten und Dämonen aus. Folgende Szenen werden dargestellt (im Uhrzeigersinn): 1. Heilung des Besessenen von Gerasa, 2. Heilung des Wassersüchtigen, 3. Beruhigung des Sturms auf dem See Genezareth, 4. Heilung des Blindgeborenen, 5. Heilung des Aussätzigen, 6. Auferweckung des Jünglings zu Naim, 7. Auferweckung der Tochter des Jairus und 8. Auferweckung des Lazarus. Die Bildszenen werden von perspektivischen Mäandern und reich gestalteten Ornamentfriesen eingerahmt, wie man es auch von frühen italienischen Kirchen her kennt.

Im Obergaden sind die zwölf Apostel als stehende Figuren und zwischen den Säulenbögen verschiedene Reichenauer Äbte und Mönche dargestellt. Kurioses gibt es an der Nordwand des Langhauses bei den Altarstufen zu entdecken: Hier hat sich ein seltenes Spottbild aus dem frühen 14. Jahrhundert erhalten, welches das Gerede der „tumben wibun", der törichten Frauen, kritisiert. Auf einer von vier Teufeln gehaltenen Kuhhaut heißt es:

> Ich wil hie schribvn
> von diesen tvmben wibvn
> was hie wirt plapla gvsprochvn
> vppigs in der wochvn
> was wirt allvs wol gvdaht
> so es wirt für den richtvr braht

Faszinierende Bilderwelt des frühen Mittelalters

(Ich will hier von den dummen Weibern schreiben; was hier an Blabla die ganze Woche gesprochen wird, dessen wird gedacht werden, wenn es einmal vor den Richter gebracht wird.) Dieses Geschwätz geht sprichwörtlich auf keine Kuhhaut.

Die nächste Kirche ist die Klosterkirche in Reichenau-Mittelzell, das **Münster St. Maria und Markus** mit den Gebäuden der 724 gegründeten ehemaligen Benediktinerabtei. Sie war die einstige Keimzelle der Klosterinsel und einer der kulturellen Mittelpunkte des Abendlandes. In karolingischer Zeit zählte sie zu den bedeutendsten Klöstern Europas. Während der Blütezeiten des Klosters lebten und arbeiteten hier bis zu 100 Mönche. Anfang des 19. Jahrhunderts wurde es im Zuge der Säkularisation aufgelöst. Der Münsterbau wurde über Jahrhunderte hinweg immer wieder erweitert und umgebaut, aber wichtige Teile der Kreuzbasilika stammen noch vom ersten Bau aus der Zeit um 816. Die auffälligen Mittelschiffarkaden und -pfeiler wurden in staufischer Zeit und 1688 erneuert. Das schöne Westquerhaus mit zwei doppelgeschossigen Vorhallen entstand unter Abt Berno (1008–1048). Unter dem Querhaus befindet sich die Westapsis mit dem Markusaltar, in dem früher die Reliquien des Apostels Markus aufbewahrt und verehrt wurden. Dieser Bereich bildet einen eigenständigen Raum, in dem die Bögen wechselnd mit weißen und roten Sandsteinblöcken gemauert wurden, was dem Ganzen einen festlichen Charakter verleiht. Besonders auffällig ist die offene Balkendecke im großen Kirchenschiff von 1236/37, bei dem man sich an der im Schiffsbau verwendeten Spantenkonstruktion orientierte. Am spätgotischen Chor wurde von 1447 bis 1533 gebaut. Die Arbeiten endeten erst 1558 mit der Vollendung der Ausmalungen, woran man deutlich erkennt, dass die wirtschaftliche und kulturelle Kraft des Klosters schon sehr geschwächt war. Das herrliche Chorgitter von 1746 ist ein Musterbeispiel barocker Schmiedekunst. Dahinter verbirgt sich ein barocker Altar mit der Heilig-Blut-Reliquie (1739).

Bezaubernd: der Mittelzeller Konventshof

Der von Rudolf Stahel 1498 für eine Konstanzer Kirche geschaffene Allerheiligenaltar dient heute als Hochaltar. Davor befindet sich das Grab Kaiser Karls III. Die 1964 in rötlichem Farbton geschaffenen Glasfenster der bekannten deutschen Glasmaler Anton Wendling und Friedrich Oidtmann aus dem Rheinland kommen in dem dunklen Chorraum wundervoll zur Wirkung.

Während der Blütezeit der Abtei wurden zahlreiche Reliquien und Kunstschätze gesammelt. Sie werden heute in der Münsterschatzkammer aufbewahrt, die in der gotischen Sakristei eingerichtet wurde und nachmittags geöffnet ist. An hohen Festtagen werden einige der sakralen Meisterwerke in feierlichen Prozessionen über die Insel getragen. Zu den bedeutendsten Ausstellungsstücken gehören der Markusschrein (um 1300), der Krug der Hochzeit zu Kana (5. Jahrhundert) und die Heilig-Blut-Reliquie (9./10. Jahrhundert). Südlich schließen die ehemaligen Konventgebäude mit einem schönen Innenhof an das Münster an. Sie ersetzen seit etwa 1610 die mittelalterliche Klosteranlage.

Gegenüber dem ehemaligen Konvent steht in einem Garten das eindrucksvolle **Haus Ulricher** mit traditionellem Biberschwanzdach und Butzenglas-

Altes Heilwissen vor historischer Kulisse: der Heilkräutergarten

fenstern. Das alte Fachwerkhaus mit seinem fünfeckigen Erker stammt noch aus dem 16. Jahrhundert und war früher Teil des Klosterbezirks. Rechts von der Kirche führt ein ausgeschilderter Weg zum kleinen **Kräutergarten**. Er ist eine Rekonstruktion des sogenannten **Hortulus** aus dem frühen 9. Jahrhundert. „Hortulus" ist ein Lehrgedicht, das der junge Mönch und spätere Abt des Klosters, **Walahfrid Strabo**, um 827 über den Gartenbau verfasst hatte. Er schildert darin die in seinem Klostergarten gesammelten Erkenntnisse über Nutzen und Heilwirkungen von Pflanzen, aber auch ihre Symbolkraft und Ästhetik. Wer den Garten zum ersten Mal sieht, ist wegen seiner geringen Größe und Gleichförmigkeit vielleicht etwas enttäuscht. Das Besondere dieses Klostergartens ist seine mittelalterlich strenge Gliederung mit acht rechteckig angeordneten Innenbeeten, umgeben von weiteren 16 Beeten in halber Größe. Der am Originalort rekonstruierte Garten besteht aus 24 Beeten mit jeweils einer Pflanzenart, also insgesamt 24 verschiedenen Kräutern.

Von hier gibt es die Möglichkeit, auf dem malerischen **Uferweg** zur westlichsten Kirche, St. Peter und Paul in Reichenau-Niederzell zu wandern. Es ist die schönste Variante, diesen Teil der Insel zu erkunden und kann deshalb nur empfohlen werden. Es geht vorbei an hübschen Gehöften, Gärten und idyllischen kleinen Weilern. Überall bieten sich zwischen Schilfgräsern und Hecken herrliche Ausblicke über den See und die westliche Insel. Eine nette Einkehrmöglichkeit auf halber Strecke ist das **Strandbad** mit schön gelegenem Biergarten. Landeinwärts sind die landwirtschaftlichen Flächen vielfach durch Gewächshäuser der großen Reichenau-Gärtnereien bebaut. Am Wegrand gibt es immer wieder die Möglichkeit, Obst und Gemüse aus dem Anbau der umliegenden Bauern zu kaufen. Man bekommt erst dabei einen ungefähren Eindruck, was so alles auf dieser Insel gedeiht.

Die Kirche in Niederzell ist schon von Weitem gut an ihren Doppeltürmen zu erkennen. Die an der Westspitze der Insel gelegene **Stiftskirche St. Peter und Paul** wurde im Auftrag des Veroneser Bischofs Egino Ende

Kostbarkeit am Westzipfel der Insel: St. Peter und Paul

des 8. Jahrhundert unter Mithilfe von oberitalienischen Baumeistern errichtet. Der hochgebildete alemannische Adelige blieb auch in Verona stets mit der Reichenau verbunden und verbrachte seine letzten Jahre in der von ihm geschaffenen Klosterzelle von Niederzell. Seine Gruft befindet sich heute noch im Chor der Kirche. Das heutige Bauwerk stammt allerdings aus dem 11. und 12. Jahrhundert und war ursprünglich fast vollständig bemalt. Das Innere der wunderschönen dreischiffigen Säulenbasilika wurde zwischen 1750 und 1760 im Stil des Rokokos umgestaltet. Dabei vergrößerte man die Fenster und ersetzte die flache Holzdecke durch ein flaches Gewölbe mit Stuckaturen. An einigen Stellen – z. B. in der Chorapsis – wurden die herrlichen Wandmalereien aus dem 12. und 13. Jahrhundert wieder freigelegt, wodurch allerdings ein kontrastreicher Stilmix aus frühen und späten Freskenmalereien entstanden ist.

Gegenüber von St. Peter und Paul liegt an der nordwestlichen Inselspitze in einem kleinen Park das hübsche **Schloss Windeck**, das bei den Reichenauern auch als „Bürgle" bekannt ist. Es wurde anstelle der einstigen Burg Schopflen um 1627/1630 im Stil der Spätrenaissance mit Staffelgiebeln und einem Rundturm erbaut. Es dient heute als Seminarzentrum und kann leider nicht besichtigt werden. Von hier gibt es die Möglichkeit auf weiteren Wanderwegen bis zum kleinen Reichenauer Hafen „Schiffslände" im Süden der Insel zu gelangen.

Auf der Reichenau existiert noch ein weiterer Adelssitz südlich von Mittelzell. Das imposante **Schloss Königsegg** befindet sich an der Kreuzung der Mittelzeller Straße mit der Unteren und Oberen Rheinstraße, etwas nordöstlich der Reichenauer Schiffslände. Hier stand ursprünglich der mittelalterliche Wohnsitz eines Ministerialen der Abtei Reichenau, der jedoch im 16. Jahrhundert den ehrgeizigen Bauplänen der Reichsgrafen von Königsegg weichen musste. Im 17. Jahrhundert erwarb das Augustiner-Chorherrenstift Beuron im Donautal das Schloss und ließ es umbauen. Es blieb bis zur Säkularisierung zu Beginn des 19. Jahrhunderts Stiftseigentum und wechselte danach mehrmals den Besitzer. Seit 1983 ist es Eigentum der Gemeinde Reichenau, die es an eine Schule für Logo- und Physiotherapie vermietet hat. Im Sommer finden im Schlosspark Freilichtspiele vor der malerischen Fassade der viertürmigen Schlossanlage statt (siehe www.theater-auf-der-insel.de). Bei schöner Sicht lohnt sich auch ein Abstecher zur **Hochwart**. Dieser Aussichtspunkt befindet sich in den Weinbergen bei einem 1839 erbauten imposanten Teehäuschen aus Holz. Mit 438,7 m ist die Hochwart die höchste Erhebung der Insel und bietet einen herrlichen Rundblick über die ganze Unterseelandschaft. Sie liegt südöstlich von Mittelzell und kann östlich vom Alten Rathaus über die nach Südosten führende Hochwartstraße erreicht werden.

> Anfahrt mit öffentlichen Verkehrsmitteln: Mit dem Seehas bis zum Bahnhof Reichenau, von dort mit dem Bus (Linie 7372) auf die Insel. Mit dem Pkw fährt man auf der B 33 (Reichenauer Straße) Richtung Westen. Am Stadtrand folgt man der ausgeschilderten Straße nach links auf die Insel. Der Radweg verläuft in etwa entlang dieser Straßen und ist ebenfalls ausgeschildert. Es gibt auch die Möglichkeit, die Insel mit den Schiffen der BSB von Konstanz aus zu erreichen. Genaueres unter: www.bsb-online.com, ☎ 3 64 03 89.

B Meersburg – charmantes Städtchen mit ehemaliger Residenz der Konstanzer Fürstbischöfe

Die besonders reizvolle Lage Meersburgs mit seinen prachtvollen Gebäuden an steilen Rebhängen direkt über dem Bodensee zieht schon seit Langem die Menschen in ihren Bann. Früher sagte man in der Schweiz über etwas sehr Schönes: „Es glänzt wie Meersburg." Stadtbildprägendes Wahrzeichen ist das Alte Schloss, die Meersburg, die sich kühn mit ihren Staffelgiebeln und Rundtürmen über die Unterstadt erhebt. Sie wurde erstmals 988 in einer Urkunde Ottos III. genannt und geht vermutlich auf eine merowingische Befestigung am Fährübergang des bedeutenden Handelswegs von Oberschwaben über Konstanz nach Italien zurück. Ab Mitte des 11. Jahrhunderts kam sie in den Besitz von königlichen Lehnsträgern und gelangte schließlich in die Hand der Bischöfe von Konstanz. Aus dieser Zeit stammen wohl die ältesten Gebäudeteile. Die Geschehnisse auf der anderen Seeseite im Jahr 1526 erschütterten auch das beschauliche Städtchen in den Weinbergen und sollten seine Zukunft für lange Zeit prägen. In der freien Reichstadt Konstanz wurde die Reformation eingeführt, und es blieb dem Bischof Hugo von Hohenlandenberg mitsamt seinem Domkapitel nichts anderes übrig, als sich ins katholisch gebliebene Meersburg zu retten.

Die alte Meersburg sollte nun, auch nach der Rekatholisierung von Konstanz, bis zur Fertigstellung des barocken Neuen Schlosses 1750 sein ständiger Wohnsitz bleiben. Weitere ehrgeizige Bauprojekte der Fürstbischöfe wie das Priesterseminar (1725–1734) und der Reit- oder Stallhof (1760) verleihen dem kleinen Städtchen eine beeindruckende barocke Silhouette am Steilufer des Bodensees. Die Säkularisation im Jahr 1803 und die bald darauf folgende Auflösung des Bistums Konstanz traf das kleine Meersburg hart. 1841 kam wieder etwas kulturelles Leben in das Städtchen, als sich die bekannte deutsche Dichterin **Annette von Droste-Hülshoff** von Westfalen bei Besuchen ihres Schwagers Freiherr Joseph von Laßberg in den malerischen Ort

Blick von der Unterstadt zum Alten Schloss

Fachwerkensemble in der Oberstadt

verliebte und bis zu ihrem Tod im Jahr 1848 hier wohnen blieb. Zuerst lebte sie im Alten Schloss und erwarb dann 1843 inmitten der sonnigen Weinberge das leer stehende „Fürstenhäusle", in dem sie wohnte und arbeitete. Später wurde Meersburg auch Refugium für weitere Künstler und Schriftsteller wie Fritz Mauthner oder Harriet Straub. Ein wichtiger Meilenstein für die wirtschaftliche Entwicklung der Stadt war 1928 der Bau des Fährhafens für die Fährverbindung nach Konstanz. Diese wichtige Verkehrsverbindung auf der alten Route des mittelalterlichen Handels- und Pilgerweges sollte hauptsächlich die wirtschaftliche Entwicklung von Konstanz voranbringen, sie förderte aber gleichzeitig auch den Meersburger Tourismus ungemein. Heute wird die Stadt vor allem durch den Tagestourismus geprägt. Neben dem malerischen Stadtbild und der bezaubernden Lage am See sind zahlreiche kulturelle Veranstaltungen wie die Internationalen Schlosskonzerte von März bis Dezember, die Droste-Kulturtage, das Meersburger Jazz-Festival oder das Weinfest im September starke Publikumsmagneten.

Im überschaubar großen Meersburg führen überall kleine Gässchen zwischen den vorbildlich hergerichteten Altstadthäusern zu wunderschönen Plätzen und herrlichen Aussichtspunkten. Die Altstadt teilt sich in die **Unterstadt** mit der 1870 angelegten Seepromenade und die **Oberstadt** mit den beiden Schlössern auf. Hauptverbindung zwischen unten und oben ist die Steigstraße, welche die Touristen in Scharen hinauf- und hinunterpilgern. Eine hübsche, wenn auch bei sonnigem Wetter etwas schweißtreibende Alternative mit wunderschönen Ausblicken ist der Aufstieg über die **Rieschentreppe**, die östlich der Seepromenade durch die Weingüter steil nach oben führt. Die Attraktivität und große Bekanntheit von Meersburg ist heute auch zu seinem Hauptproblem geworden, denn an schönen Sommertagen wird das pittoreske Bodenseestädtchen von Touristen förmlich überschwemmt. Ein Tipp ist deshalb ein Meersburg-Besuch an einem lauen Sommerabend, wenn viele Reisebusse wieder abgefahren sind und etwas Ruhe in der Stadt eingekehrt ist. Dann entwickeln die alten Gassen ihren ganzen Charme, und man fühlt sich bisschen wie in den Cinque Terre. Die Stadt ist aber nicht nur voll von Touristen, sondern auch reich an gut ausgeschilderten Sehenswürdigkeiten, die man sich nicht entgehen lassen sollte.

In der **Unterstadt** ist vor allem die **Seepromenade** mit ihrer Ufergastronomie und dem historischen **Grethaus** ein beliebter Besuchermagnet. Der ehemalige Korn- und Warenspeicher am Hafen mit der auffälligen roten Staffelgiebelfassade ist heute Sitz der Jugendkunstschule Bodenseekreis. Wer diese Ecke der Stadt erreicht hat, sollte sich auch auf einen kleinen Abstecher zur Hafenmole mit der **„Magischen Säule"** des Bodensee-Künstlers Peter Lenk (→ Touren 1 und 2) einlassen.

> **Die „Magische Säule"** Neben der „Imperia" in Konstanz und dem „Bodenseereiter" von Überlingen setzt Peter Lenk hier die Reihe seiner Kunstwerke an Schiffsanlegestellen des Bodensees fort. Die mit Spannung erwartete Enthüllung seines Werks Ende April 2007 lockte Massen von Besuchern an die Hafenmole, vermuteten doch manche einen ähnlichen Skandal, wie ihn die Konstanzer „Imperia" ausgelöst hatte. Sein hiesiges Kunstwerk zeigt gut ein Dutzend satirischer Porträts bekannter Persönlichkeiten aus der Meersburger Geschichte – dralle, zumeist nackte Körper und nicht unbedingt immer vorteilhaft dargestellt, wie bei Lenk ja zu erwarten. Wenn auch der eigentliche Festakt unter kleinen Pleiten und Pannen litt – die Verhüllungsplanen fielen nicht, als sie sollten, die Musik war zu laut und das Mikrophon zu leise –, schlugen die Wogen der Entrüstung über das Kunstwerk nicht allzu hoch, wenngleich auch hier Lenk mit seinen tabulosen Darstellungen die Betrachter polarisiert. Auf der Säulenspitze fliegt, symbolisch als angreifende Möwe dargestellt, Annette von Droste-Hülshoff. An der Säule ist ihr Schwager, Freiherr Joseph von Laßberg, etwas respektlos als Steckenpferdreiter abgebildet, der von oben mit den Pfeilen eines mit einer Ritterrüstung bekleideten Amors beschossen wird. Daneben zeigt sich Edelfräulein und Weingutbesitzerin Wendelgard von Halten in burlesker Pose, und das Wirken des im 18. Jahrhundert als Wunderheiler und Dämonenaustreiber bekannten Johann Joseph Gaßner wird auf etwas groteske Art dargestellt. Ebenfalls seinen Platz an der Säule hat der „Wunderarzt" Franz Anton Mesmer, der mit seinen Magneteisen triumphierend auf einem runden Käfig voller „intriganter wissenschaftlicher Kapazitäten" steht.

In der Oberstadt ist die schon erwähnte mittelalterliche **Burg Meersburg**, das **Alte Schloss**, mit dem mächtigen Dagobertsturm, dem Wohnsitz der Dichterin Annette von Droste-Hülshoff, der architektonische und geschichtliche Höhepunkt. Sie beherbergt heute ein Museum mit zahlreichen spätgotischen, teilweise barockisierten Innenräumen und einer im 20. Jahrhundert zusammengetragenen Einrichtung aus den unterschiedlichsten Epochen. Das romantische Gemäuer gilt heute als die älteste, vollständig erhaltene und bewohnte Burg Deutschlands. Nicht verpassen sollte man bei einer Besichtigung den Rittersaal, die Waffenkammer und die Folterkammer. Literaturinteressierte besuchen gerne auch das Arbeits-, Schlaf- und Sterbezimmer Droste-Hülshoffs.

Das noch höher gelegene barocke **Neue Schloss** mit seiner prachtvollen, im Stil des Rokokos umgestalteten Fassade stammt aus dem frühen

Romantisch: Der Blick von der Schlossterrasse auf die Unterstadt mit dem Grethaus und der Hafenmole

18. Jahrhundert und wurde später durch den berühmten Baumeister Balthasar Neumann erweitert und umgebaut. Sehenswert ist besonders das wunderschöne Treppenhaus und die Schlosskapelle, die beide nach den Plänen Neumanns ausgeführt wurden. Die Schlosskapelle besticht durch die herrlichen Stuckarbeiten von Joseph Anton Feuchtmayer, die dem Deckengemälde von Gottfried Bernhard Goetz (1741) einen würdevollen Rahmen verleihen. Das Deckenbildnis im Treppenhaus mit dem Thema „Verherrlichung des Fürstbischofs und des Hochstifts" von 1761 entstammt der meisterhaften Pinselführung des kurmainzischen Hofmalers Giuseppe Appiani. Im ersten Stock ist heute eine Gemäldegalerie untergebracht, im zweiten Stock können die fürstbischöflichen Wohn- und Repräsentationsräume besichtigt werden. Die **Schlossterrasse** bietet eine einmalige Aussicht auf den See, das Alte Schloss, die Unterstadt und, bei guter Sicht, das großartige Panorama der Schweizer Alpen.

Zwischen Neuem und Altem Schloss liegt etwas versteckt im Burggraben die alte **Schlossmühle** mit einem fast 8 m großen hölzernen Mühlrad, das noch immer in Betrieb ist. Die oberschlächtige Wassermühle mit idyllischer Fachwerkfassade stammt aus dem 17. Jahrhundert und wäre eine ideale Kulisse für eine Märchenverfilmung.

Im majestätisch, oberhalb der steilen Weingüter gelegenen Barockkomplex des ehemaligen fürstbischöflichen **Reit- und Stallhofs** können Weinproben und unterhaltsame Weinseminare besucht werden, denn statt Kutschen und Pferden lagert und veräußert hier heute das Staatsweingut seine edlen Tropfen. Das direkt östlich an das Neue Schloss anschließende ockergelbe Bauwerk oberhalb der Rebanlage Rieschen wurde 1760 fertiggestellt. Im nicht minder spektakulär liegenden ehemaligen **Priesterseminar** (1725–1735) befindet sich heute das Droste-Hülshoff-Gymnasium mit angeschlossenem Internat. Zwischen den glanzvollen Barockbauten bietet die Aussichtsplatt-

Beliebtes Fotomotiv: Obertor mit malerischer Häuserkulisse

form **Känzele** einen großartigen Panoramablick auf See und Stadt. Neben vielen hübsch hergerichteten Wohnhäusern im ganzen Stadtgebiet bilden die Fachwerkhäuser der Oberstadt im Bereich der Steigstraße, der Winzergasse und der Kirchstraße ein besonders romantisches Ensemble. Weitere Sehenswürdigkeiten sind das **Rathaus** aus dem 16. Jahrhundert, das ehemalige **Dominikanerinnen-Kloster** mit dem Stadtmuseum und der Bibelgalerie in der Kirchstraße 4 sowie das malerische **Obertor** am Ende der Steigstraße, das im Mittelalter den Handelsverkehr zwischen Nürnberg und Konstanz kontrollierte.

Ebenfalls nicht verpassen sollte man einen Besuch im **Fürstenhäusle**. Das idyllisch in den Weingärten oberhalb der Stadt gelegene Refugium von Annette von Droste-Hülshoff mit herrlichem Blick über den Bodensee ist heute ein Museum. Die berühmte Dichterin erwarb das frühere bischöfliche Weinberghäuschen auf einer Versteigerung 1843 für sich als persönlichen Rückzugsort. Es ist mit ihren Biedermeiermöbeln, Bildern und Büchern ausgestattet und zeigt auch Originalhandschriften und persönliche Erinnerungsstücke.

Ein weiteres Kleinod liegt am Glaserhäusleweg, der sich westlich der Altstadt am Waldrand oberhalb der Weinberge entlangschlängelt. Man erreicht ihn über den ebenfalls schön gelegenen Droste-Hülshoff-Weg, der ca. 100 m nördlich der Altstadt von der Daisendorfer Straße nach links abzweigt. Das idyllisch in einem großen Garten gelegene **Glaserhäusle** aus dem 18. Jahrhundert wurde bereits von Annette von Droste-Hülshoff als „Schenke am See" beschrieben und im Jahr 1909 von dem Philosophen **Fritz Mauthner** (1849–1923) und der Schriftstellerin **Harriet Straub** (1872–1945) erworben. Mauthner zählte um die Jahrhundertwende zu den bekanntesten und bedeutendsten Publizisten der deutschen Literatur. Auch seine Frau Harriet, eigentlich Hedwig, zeichnete sich durch einen außergewöhnlichen Lebenslauf aus. Als eine der ersten Frauen strebte sie ein Studium an und studierte zunächst Philosophie in Zürich, wechselte dann aber zum Medizinstudium an die Sorbonne. Dort promovierte sie als eine der ersten Frauen und arbeitete anschließend im Auftrag der französischen Regierung in Nordafrika als Ärztin. Später lebte sie für kürzere Zeit in Stockholm und Kopenhagen und ging dann 1904 zur Vertiefung ihres Medizinstudiums nach Freiburg, wo sie Fritz Mauthner kennenlernte, der dort inzwischen ein mathematisch-naturwissenschaftliches Studium begonnen hatte. Beide beschlossen nach ihrer Heirat, ihr Leben im verträumten Meersburg nun in etwas ruhigere Bahnen zu lenken, wofür das Glaserhäusle optimale Bedingungen bot. Das urige Heim wird heute privat genutzt und kann nur von außen besichtigt werden. Ein Besuch lohnt sich aber allein schon wegen der herrlichen Lage und des Spazierwegs oberhalb des Rebhangs, der eine traumhafte Aussicht auf den Bodensee bietet.

Zu einem attraktiven Ort der Entspannung und Erholung bei jeden Wetter hat sich die mondäne **Meersburg Therme** mit Frei- und Strandbad entwickelt (→ Infoteil). Die schön gestaltete Bade- und Saunawelt befindet sich am östlichen Ende der Seepromenade.

> Meersburg erreicht man von Konstanz am besten mit der Autofähre Konstanz–Staad–Meersburg. Man benötigt dazu kein Fahrzeug. Die Überfahrt ist für Fußgänger billiger, und Parkplätze in Meersburg sind teuer und vor allem an Wochenenden rar. Die Buslinien 1 und 15 fahren den Fährhafen Staad direkt an, und der Hafen von Meersburg liegt fußläufig zur Meersburger Altstadt.

C Schloss Arenenberg mit den Gärten der Familie Bonaparte

Rund 8 km westlich von Konstanz liegt oberhalb des schweizerischen Ermatingen eine besondere Kostbarkeit: das Schlösschen Arenenberg mit den Gärten der Familie Bonaparte. Die Anlage bietet einen wunderschönen Blick auf den Untersee, die Höri, den Hegau und Konstanz.

Mit seiner im Spätsommer 2008 wiedereröffneten Parkanlage ist dieser geschichtsträchtige Ort ein Kulturdenkmal von europäischem Rang. Die rund 12 ha große Parkanlage wurde im 19. Jahrhundert durch die holländische Königin und Tochter Napoleons I., Hortense de Beauharnais, im Stil eines englischen Landschaftsgartens angelegt. Über einen kleinen Rundweg entlang dem Hang eröffnen sich zwischen Weinbergen und den Gartenanlagen immer wieder schöne Ausblicke auf den See. Im Park warten einige Besonderheiten wie die Eremitage, eine kleine Einsiedelei, und ein Aussichtspavillon, der von zwei Satyren flankiert wird, auf ihre Entdeckung. Bei der

Verborgenes Juwel hoch über dem See: Park und Schloss Arenenberg

Südländische Impressionen: Ausblick auf den Untersee

Restaurierung der Parkanlage wurden viele in Vergessenheit geratene Details früherer Gartenbaukunst von der Renaissance bis ins späte 19. Jahrhundert wiederentdeckt. Auch das Schlossgebäude selbst, das als „Napoleon-Schlösschen" bekannt ist, sollte man sich nicht entgehen lassen. Obwohl Napoleon I. selbst nie auf dem Arenenberg war, ist das Schloss doch eng mit ihm verbunden. Die Ehe Napoleons I. mit Josephine blieb kinderlos, daher adoptierte er die Kinder aus der ersten Ehe seiner Frau: Eugène und Hortense. Später sorgte er dafür, dass Hortense die Frau seines Lieblingsbruders Louis, des damaligen Königs von Holland, wurde und verfügte, dass ihre Kinder später den französischen Thron besteigen sollten. Nach der endgültigen Niederlage Napoleons kam es jedoch zur Verbannung der gesamten Familie Bonaparte aus Frankreich. Während die meisten Familienmitglieder nach Italien flüchteten, ließ sich Hortense in Konstanz nieder.

Nach ihrer Ankunft schrieb sie 1815 über die Stadt am See: „Das Aussehen dieser traurigen Häuser, die Einsamkeit der menschenleeren Straßen, die Ruhe, die zu herrschen schien, zeigten mir Konstanz zunächst wie einen abgeschiedenen Ort auf der Welt. Die Stille nach so vielen Aufregungen, die Abgeschiedenheit nach so vielen gegen mich aufgebrachten Leidenschaften, alles gefiel mir und versprach mir hier diese Erholung, die stets vor mir floh." Sie erwarb bald darauf das Schloss Arenenberg, das im 16. Jahrhundert von dem Konstanzer Bürgermeister Sebastian Geissberg erbaut worden war, und ließ es nach ihrem Geschmack umbauen. Anfangs pendelte sie noch zwischen Konstanz, Augsburg und Arenenberg. Später wurde es bis zu ihrem Tod ihr Hauptwohnsitz. Ihr jüngster Sohn, Charles Louis Napoléon Bonaparte, der spätere französische Kaiser Napoleon III., verbrachte einen Großteil seiner Kindheit und Jugend auf dem Schloss. Während seiner Regierungszeit erwarb er das Schloss Arenenberg wieder, nachdem es die Familie zuvor verkauft hatte, und ließ es in den Zustand zurückversetzen, in dem er es in Erinnerung hatte. Seine Gemahlin, die schöne Eugénie, besuchte das vertraute Schlösschen nach dem Tod ihres Gatten noch einige Male, bevor sie es 1906 dem Kanton Thurgau vererbte. Heute befindet sich darin das Napoleonmuseum, das alljährlich Besucher aus ganz Europa anzieht. Neben kostbaren Gemälden und wertvollem Mobiliar aus den Sammlungen Napoleons I. und seiner Familie werden hier auch zeitgenössische Gegenstände des täglichen Bedarfs, technische Erfindungen und kostbare Bücher gezeigt. Das Besondere an diesem Museum ist, dass man sich überall frei bewegen darf. In jedem Raum wird, teilweise in Form von Computeranimationen und Hörproben, ausführlich über die Nutzung und Ausstattung informiert. Zweimal jährlich finden wechselnde Sonderausstellungen statt. Im nahe gelegenen Bistro besteht die Möglichkeit, für das leibliche Wohl zu sorgen.

> Anfahrt mit öffentlichen Verkehrsmitteln: Mit dem Zug nach Kreuzlingen, oder am besten direkt vom Bahnhof Kreuzlingen bzw. Bahnhof Kreuzlingen-Hafen aus mit der S3 und S8 Richtung Schaffhausen bis Ermatingen und von dort mit dem Bus (Postauto, Linie 833) nach Arenenberg. Die Bushaltestelle dafür befindet sich direkt vor dem Bahnhof Ermatingen. Bei diesem Ausflug bietet sich auch an, unterwegs einen Besuch in Gottlieben zu machen, das auf derselben Strecke liegt. Mit dem Pkw: Über die Grenze in die Schweiz Süden und dann den Schildern Richtung Ermatingen, Schaffhausen Richtung Westen folgen. Am Ortsende von Ermatingen geht es links ab nach Salenstein, und man erreicht über die Arenenbergstraße Schloss und Park.

D Gottlieben – kleiner, aber feiner Ort mit großer Geschichte

Das kleine Gottlieben liegt im Kanton Thurgau rund 4 km westlich von Konstanz an der Mündung des Seerheins in den Untersee. Durch seine malerische Lage am Rheinufer, seine hübschen Fachwerkhäuser und das alte Schloss ist es einer der schönsten Orte in der Region und ein beliebtes Ausflugsziel während der Sommermonate. Beim Anblick des verträumten Ortes würde heute keiner mehr vermuten, dass Gottlieben früher einmal Schauplatz der Weltgeschichte war. Seine Gründung geht auf eine Wasserburg, das heutige Schloss Gottlieben zurück, die der Konstanzer Bischof Eberhard II. von Waldburg 1251 erbauen ließ. Sie steht mit ihren beiden Türmen noch immer am östlichen Ortsrand und ist trotz Zerstörungen im Dreißigjährigen Krieg durch die Schweden und einiger Umbauten im Wesentlichen erhalten geblieben. Die Geschichte der Bischofsburg war immer eng mit der von Konstanz verknüpft. Zur Zeit des Konstanzer Konzils saß hier der Reformator Jan Hus eingekerkert im westlichen Burgturm, und dieses Schicksal teilte bald darauf der abgesetzte Papst Johannes XXIII. mit ihm. Im Schwabenkrieg 1499 beherbergte die Burg mit Zustimmung des Bischofs Hugo von Hohenlandenberg eine kaiserliche Besatzung. Der Bischof duldete trotz seiner Neutralitätserklärung, dass auf die Eidgenossen geschossen wurde, wodurch es auch zur Zerstörung der bischöflichen Burg Kastell oberhalb von Tägerwilen kam. Wenige Jahre später wurde die Stellung des Konstanzer Bischofs immer mehr von den Bauernkriegen und dem sich ausbreitenden reformatorischem Gedankengut von Zwingli und Luther bedrängt. 1526 verließ der Bischof endgültig seine Gottliebener Burg und rettete sich nach Meersburg. Kurze Zeit später wurde Gottlieben evangelisch.

Nach dem Tod seiner Mutter Hortense de Beauharnais suchte Prinz Charles Louis, der spätere französische Kaiser Napoleon III., nach einem alternativen

Fachwerkidylle am Seerhein: die Drachenburg

Wohnsitz zu seinem Schloss Arenenberg (→ Ausflugstipp C: Schloss Arenenberg). Er entschied sich für das alte Schloss am Rheinufer, das er jedoch nur für kurze Zeit bewohnte. Im 19. Jahrhundert wurde die Burg im neogotischen Stil zum Schloss umgebaut und dabei Maßwerkfenster aus dem 1824 abgebrannten Kreuzgang des Konstanzer Münsters verwendet. Das malerische Schloss wird heute von der Schweizer Opernsängerin Lisa Della Casa und ihrem Mann bewohnt und kann nicht besichtigt werden.

Im Ort selbst mit seinen malerischen Fachwerkhäusern existierte von Ende 19. bis Anfang 20. Jahrhundert eine Künstlerkolonie, die der Schriftsteller Emanuel von Bodman (1874–1946) initiiert hatte. Sein Haus war Treffpunkt vieler Künstler wie Heinrich Ernst Kromer, Richard Dehmel, René Schickele, Wilhelm von Scholz, Rainer Maria Rilke, Ludwig Finckh, Ludwig Klages, Hermann Hesse und später auch Thomas Mann. Das „Bodman-Haus" am Dorfplatz 1 ist heute Sitz der „Literatur Regio Bodensee" und der Thurgauischen Bodman-Stiftung. Von Bodmans Arbeitszimmer kann im Originalzustand besichtigt werden. Das Haus bietet Raum für regelmäßige Ausstellungen und Lesungen.

> Gottlieben ist über den Uferweg „Rheinweg" gut mit dem Fahrrad oder auch zu Fuß erreichbar. Man überquert am Ende der Gottlieber Straße beim „Hotel Trompeterschlössle" die Grenze und folgt auf der Schweizer Seite kurz der Konstanzer Straße. Nach ca. 200 m führt auf der rechten Seite ein ausgeschilderter Wanderweg hinunter zum Rheinufer. Von dort sind es noch rund 2 km bis Gottlieben. Gottlieben kann aber auch mit dem Pkw oder bequem mit den Schiffen der „Weißen Flotte" vom Konstanzer Hafen aus erreicht werden. Eine direkte Busverbindung zwischen Konstanz und Gottlieben existiert nicht. Eine weitere Anfahrtsmöglichkeit: Mit dem Zug nach Kreuzlingen, oder am besten direkt vom Bahnhof Kreuzlingen bzw. Bahnhof Kreuzlingen-Hafen aus mit der S 3 und S 8 Richtung Schaffhausen bis zum Bahnhof Tägerwilen-Gottlieben. Von dort sind es ca. 500 m Fußmarsch nach Gottlieben.

E Marienschlucht und Teufelstisch

Die Marienschlucht (oder auch Mariaschlucht) ist eine außergewöhnliche Naturschönheit am Steilufer des Bodensees zwischen Konstanz-Wallhausen und Bodman. Hier fällt das Ufer steil zum See ab. Ein Bach hat sich seit der letzten Eiszeit ca. 100 m tief ins Molassegestein eingegraben und so die wildromantische Marienschlucht geschaffen. Seit 1897 führt ein verschlungener Holzsteg über 230 Stufen zwischen 30 m hohen Felswänden durch die Schlucht. Den Namen „Mariaschlucht" erhielt das kleine Naturwunder durch den Eigentümer Johann Franz von Bodman anlässlich der Verlobung seines Sohnes Othmar mit seiner späteren Frau, der Gräfin Maria von Walderoff. Im Volksmund wurde daraus bald „Marienschlucht", und da spätestens seit 1986 ein Marienbildnis den unteren Schluchteingang ziert, wird die Bezeichnung von vielen mit der Gottesmutter assoziiert. Der Verwirrung nicht genug, wird neuerdings auf allen Schildern in der Schlucht wieder der alte Name „Mariaschlucht" verwendet. Der Holzsteg wurde kürzlich gründlich erneuert und ist sehr gut begehbar. Allerdings nimmt der breite Treppenweg der Schlucht auch einiges von ihrer Wildheit. Auf Grund der vielen Stufen ist eine Befahrung mit dem Rollstuhl oder die Mitnahme eines Kinderwagens nicht möglich.

Zwischen Marienschlucht und Wallhausen liegt im Uferbereich eine geologische Besonderheit, die aus einer rund 90 m steil abfallenden Unterwasserfelswand besteht, dem Teufelstisch. Die rund 15 m breite Felsnadel befindet sich ca. 50 m vom Ufer entfernt und ist nur bei Niedrigwasser an der Oberfläche sichtbar.

Naturbesonderheit im Norden von Konstanz: die Marienschlucht

Die Marienschlucht erreicht man schnellsten mit dem Pkw. Der Parkplatz befindet sich am Golfplatz von Langenrain, von wo man nach einem kurzen Fußmarsch, vorbei an der romantischen Burgruine Kargegg, zur Marienschlucht kommt. Eine weitere und bei gutem Wetter viel schönere Variante ist der 4 km lange idyllische Wanderweg von Wallhausen. Er führt in nordöstlicher Richtung bis zur Schlucht entlang des Seeufers. Man kommt dabei nach ca. 1,5 km auch am Teufelstisch vorbei. Die Uferlandschaft zwischen Wallhausen und Bodman mit den steilen Waldhängen ist einmalig schön. Wallhausen ist vom Bahnhof Konstanz aus gut mit den Bussen der Linien 4 und 13 erreichbar. Es gibt darüber hinaus auch die Möglichkeit, direkt mit einem Linienschiff aus Sipplingen, Überlingen, Bodman oder Ludwigshafen an der Marienschlucht anzulegen. Genaueres unter: http://motorbootgesellschaft-bodman.de oder www.schifffahrtbodensee.de, ☏ 0 77 73 / 93 00 40.

F Hohentwiel – Vulkanschlot und Festungsberg

Wer vom Bodensee nach Westen schaut, dem fallen sofort die imposanten Hegau-Vulkankegel durch ihre eigenwillig-bizarren Formen auf. Der am nächsten gelegene Kegel ist der Hohentwiel bei Singen. Nähert man sich dem Berg, so erkennt man oben die Ruinen einer Festungsanlage, die heute als die größte Deutschlands gilt. Die mächtigen Außenmauern, die imposanten Turmstümpfe, die Kasematten und die zahlreichen Häuserruinen lassen heute noch spüren, wie gewaltig dieses Bollwerk im 18. Jahrhundert gewesen sein muss, als es noch als uneinnehmbar galt. Begeben wir uns auf eine kurze Zeitreise: Die Geschichte des Hohentwiels reicht weit zurück. Seine heutige eigenwillige Form erhielt der 682 m hohe Phonolith-Vulkanschlot aus dem Miozän während der Eiszeiten, als die Gletscher aus den Alpen den Schlotpropfen durch Abtragung der Tuffdecke freilegten.

Aussichtsberg Hohentwiel: Blick auf Singen

Imposante Ruinenlandschaft am Vulkanschlot: Festung Hohentwiel

Nach frühen Besiedlungen während der Jungstein- und Keltenzeit begann die Geschichte der Burg um 914, als schwäbische Adlige das „castellum Twiel" auf der Bergkuppe erbauen ließen. Bereits ein Jahr später versuchte König Konrad I., die Burg einzunehmen, was ihm jedoch nicht gelang. In der Folgezeit entwickelte sich der Hohentwiel unter Herzog Burkhard III. zu einem Machtzentrum. Gemeinsam mit Herzogin Hadwig gründete er das Bergkloster St. Georg. Rund 900 Jahre später schrieb Joseph Viktor von Scheffel an der heutigen „Scheffellinde" bei der alten Remise über diese Geschichte seinen berühmten historischen Roman „Ekkehard". In den darauffolgenden Jahrhunderten wechselte die uneinnehmbare Festung mehrmals ihren Besitzer und wurde ab dem 16. Jahrhundert württembergisch. Nun ließ Herzog Ulrich die Burg durch den württembergischen Baumeister Heinrich Schickhardt zu einer Landesfestung ausbauen. Aus dieser Zeit stammt ein Großteil der heutigen Ruinen. In der Folgezeit wurden immer weitere Gebäude und Festungsanlagen errichtet.

All diese Befestigungen nützten den letzten Kommandanten des Hohentwiel jedoch nichts mehr, als sie um 1800 vom französischen General Vandamme zur Übergabe gezwungen wurden. Die Württemberger mussten die Festung räumen, die dann auf Befehl Napoleons gründlich zerstört wurde. Zurück blieb eine überwältigende Ruinenlandschaft, die noch heute jeden Besucher beeindruckt. Der lange als württembergische Exklave in Baden zu Tuttlingen gehörende Berg wurde 1969 in die Gemarkung Singen eingegliedert und somit badisch. Heute steht der gesamte Hohentwiel mit seiner artenreichen Flora und Fauna unter Naturschutz.

Man kann auch auf dem gut ausgeschilderten „Vulkanpfad" eine 3 km lange Rundwanderung um den Hohentwiel unternehmen. Zahlreiche Schautafeln am Weg informieren über Fauna, Flora und Geologie des Berges, und man kommt zudem am höchstgelegenen Weinberg Deutschlands vorbei.

Der Hohentwiel ist von Konstanz aus direkt mit der Bahn (dem „Seehas") erreichbar. Man steigt an der Haltestelle „Singen-Landesgartenschau" direkt am Fuß des Vulkanschlots aus und kann von dort die Festungsanlage über die Schaffhausener Straße und die Hohentwielstraße ersteigen. Mit dem Pkw erreicht man Singen und den Hohentwiel über die B 33 und B 34. Von Singen führt eine Fahrstraße hoch bis zur Domäne, wo sich die Parkplätze und das Hotel-Restaurant Hohentwiel befinden. Wer die Festungsruine besichtigen möchte, muss in der Remise der Domäne seine Tickets lösen. Von hier erreicht man per pedes in ca. 20 Minuten den rund 60 m höher liegenden Ruineneingang am Eugenstor.

G Katamaranausflug nach Friedrichshafen

Ein besonderes Erlebnis ist ein Ausflug mit dem **Katamaran** nach Friedrichshafen. Die Katamaran-Linie verbindet die beiden Bodensee-Städte im Stundentakt. In 48 Minuten erreichen „Constance", „Fridolin" oder „Ferdinand" ihr Ziel in unmittelbarer Nähe zu den Innenstädten. Die Konstanzer Anlegestelle befindet sich direkt bei der „Imperia". Entstanden ist die Idee bereits Mitte der 1990er Jahre durch die stetig steigenden Pendlerzahlen beiderseits des Sees. Wegen massiven Protesten und Klagen von Fischern, Seglern und Umweltschützern konnten die Planungen aber zunächst nicht realisiert werden. Bei der Entwicklung der Katamarane wurde daher größtmöglicher Wert auf Umweltfreundlichkeit gelegt, um den See möglichst gering durch Wellengang und Lärm zu belasten. Mit zwei MAN-Dieselmotoren und Getrieben der ZF Friedrichshafen ausgestattet, erreicht das Doppelrumpfboot eine Höchstgeschwindigkeit von 22 Knoten, dies entspricht 40 km/h. Im Innenraum des Katamarans finden bis zu 182 Fahrgäste und 30 Fahrräder Platz.

Friedrichshafen besitzt heute neben seiner beliebten Uferpromenade zwei hochinteressante Besuchermagnete: Das **Zeppelin Museum** im Hafenbahnhof beherbergt seit seiner Eröffnung die weltgrößte Sammlung zur Luftschifffahrt und widmet sich als einziges deutsches Museum der Verbindung von Technik und Kunst. Anhand einer Fülle von Originalexponaten, Modellen und Fotos werden die Besucher umfassend über die faszinierende Geschichte der Luftschifffahrt informiert. Im zweiten Teil des Museums führt die Kunstsammlung Werke aus dem gesamten Bodenseeraum vom Mittelalter bis in die Neuzeit zusammen. Höhepunkte sind sicherlich die Bilder von Otto Dix und Max Ackermann.

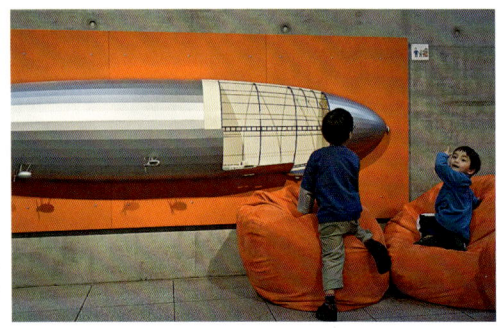

Kinderfreundlich: Modell im Zeppelin Museum

Der Katamaran zwischen Konstanz und Friedrichshafen

Erlebnis Katamaran.
Direkt über den Bodensee.

> **Direkt** Im Stundentakt über den See
> **Zentral** Mitten in die Innenstädte
> **Bequem** Bistro und Internet an Bord

Der Katamaran
Die geniale Verbindung

Telefon 07531 363932-0   www.der-katamaran.de

Im 2009 eröffneten **Dornier Museum** wird die Geschichte der Luft- und Raumfahrt in Verbindung mit den Erfindungen und Innovationen von Claude Dornier dargestellt. Der Besucher findet hier Informationen über politische, wirtschaftliche und soziale Zusammenhänge im zeitgeschichtlichen Kontext. Im Museum werden zahlreiche historische Flugzeuge sowie Teile eines originalen „Spacelab" ausgestellt.

Wer heute durch Friedrichshafen schlendert, vermutet vielleicht, dass es sich hier um eine junge Industriestadt handelt. Sehenswerte Altbauten außer der barocken ehemaligen Klosterkirche St. Andreas mit den auffälligen Zwiebeltürmen sucht man wie die sprichwörtliche Stecknadel im Heuhaufen. Dabei hat die Hafenstadt am nördlichen Bodenseeufer eine bewegte Geschichte hinter sich. Friedrichshafen entstand 1811 durch den Zusammenschluss der ehemaligen Freien Reichsstadt Buchhorn mit dem nahen Dorf und Kloster Hofen. Namenspate für das nun württembergische Städtchen war der erste württembergische König Friedrich I., der hier seinen Bodenseehafen gründete. Friedrichshafen war von Anfang an eine aufstrebende Gewerbe- und Industriestadt, da sie einen privilegierten Freihafen und Warenumschlagplatz für den Handelsverkehr mit der Schweiz besaß. Das durch die Säkularisation 1802/03 aufgelöste Kloster Hofen wurde königliches Schloss und Friedrichshafen so zur Sommerresidenz der württembergischen Könige. Die Klosterkirche St. Andreas wurde evangelische Schlosskirche.

In der Folgezeit prägte vor allem das Wirken von Ferdinand von Zeppelin die Industrialisierung der Hafenstadt. Der Konstanzer Graf siedelte hier in den letzten Jahren des 19. Jahrhundert die Produktion seiner berühmten fliegenden Zigarren, der Zeppeline, an. Im Jahr 1900 erhob sich der 128 m lange LZ1 zum ersten Mal in die Lüfte. Ein weiterer Motor für die wachsende Industrialisierung Friedrichshafens war der aus Bissingen an der Enz stammende Wilhelm Maybach, dessen Luftfahrzeug-Motorenbau GmbH 1912 (heute MTU) nach Friedrichshafen übersiedelte, um mit den Zeppelin-Werken zusammenzuarbeiten. Eine bahnbrechende Erfindung des Ingenieurs Max Maag, welche die Herstellung von Zahnrädern mit mathematischer Präzision ermöglichte, führte 1915 zur Gründung der Zahnradfabrik Friedrichshafen (ZF) und verbesserte die Technik der Starrluftschiffe. Mit dem Luftschiffbau ging es stetig bergauf. 1912 beschäftigte der Zeppelin-Konzern rund 200 Mitarbeiter, von denen die meisten in der neuen Werkssiedlung, dem Zeppelin-Dorf, lebten. Während des Ersten Weltkrieges wurden viele der relativ lautlosen Zeppeline zu Kriegszwecken eingesetzt, was der Luftschiffproduktion weiteren Auftrieb gab. Graf Zeppelin starb im Jahr 1917. 1923 entstand eine weitere wichtige Firma in Friedrichshafen, die Dornier Metallbauten GmbH, ab 1938 Dornier-Werke. Die zunächst innerhalb der Zeppelin-Werke gegründete und von Claude Dornier geleitete Abteilung zur Entwicklung und Bau von Flugzeugen und Flugbooten wurde selbstständig und der boomende Betrieb von Dornier gründete bald überall neue Zweigwerke. Die Produktion und Verwendung von Verkehrsluftschiffen wurde nach der Hindenburg-Katastrophe in den USA im Jahr 1937, als 36 Menschen bei der Explosion des LZ 129 ums Leben kamen, für lange Zeit eingestellt. Während des Zweiten Weltkrieges existierten in Friedrichshafen vier große Rüstungsbetriebe: die Luftschiffbau Zeppelin GmbH, die

Katamaran im letzten Tageslicht auf dem Weg nach Konstanz ▸

nun vor allem Radar-, Peilanlagen und Fallschirme fertigte, die Maybach-Motorenbau GmbH, die Zahnradfabrik AG und die Dornier-Werke GmbH. Da männliche Arbeitskräfte im Krieg rar waren, war die Stadt voll mit in Lagern untergebrachten Zwangsarbeitern. Ab 1943 betrieb das KZ Dachau hier ein Außenlager mit 1200 Häftlingen. Friedrichshafens kriegsbedingter Aufschwung führte schließlich durch den von den Nationalsozialisten entfesselten totalen Krieg zu seiner beinahe vollständigen Vernichtung durch alliierte Luftangriffe. Die Stadt musste in den 1950er und 1960er Jahren wieder neu aufgebaut werden.

Wer sich für die Stadt Friedrichshafen und ihre Geschichte interessiert, dem sei der ca. 3 km lange Geschichtspfad oder der ca. 12 km lange Zeppelin-Pfad empfohlen. Der **Geschichtspfad** verläuft mit seinen 50 illustrierten Informationstafeln vom Hafenbahnhof über die Hofener Schlosskirche bis zum Stadtbahnhof und vermittelt interessante Einblicke in das im Krieg verloren gegangene Stadtbild. Der Pfad führt am 40 m langen **Klangschiff „Im Augenblick"** des Breisacher Künstlers Helmut Lutz vorüber, das seit 2001 an der Uferpromenade „vor Anker liegt". Unter dem Eindruck des Krieges auf dem Balkan entstand dieses „Schiff" 1994 als eine Art Friedensbotschafter aus Holz und Stahl. Als Zeichen der Verbundenheit mit Osteuropa nach der Öffnung der Grenzen fuhr es 1995 in Friedensmission, montiert auf einem Donauschiff, auf der Donau über Ulm, Passau, Linz, Wien, Bratislava, Budapest bis nach Mohacs an der Kriegsgrenze. Dort wurde eine riesige in Holz nachgebildete Träne mit der Aufschrift „Europa weint" über Bord geworfen. 2000 kam das Schiff für ein halbes Jahr nach Sarajevo, der Partnerstadt Friedrichshafens. Heute finden auf dem Klangschiff vor allem im Rahmen des „Kulturufers" zahlreiche Konzerte und Performances statt.

Der 2008 eröffnete **Zeppelin-Pfad** dokumentiert an neun Stationen wichtige Aspekte der Friedrichshafener Stadt- und Industriegeschichte, in deren Mittelpunkt die Geschichte der Zeppelin-Werke steht. Der Pfad beginnt am westlichen Stadtrand bei der Ziegelei Grenzhof und führt u. a. über das geschichtsträchtige Industriegelände im westlichen Stadtteil Manzell, wo sich früher die Luftschitthalle für die Zeppeline befand.

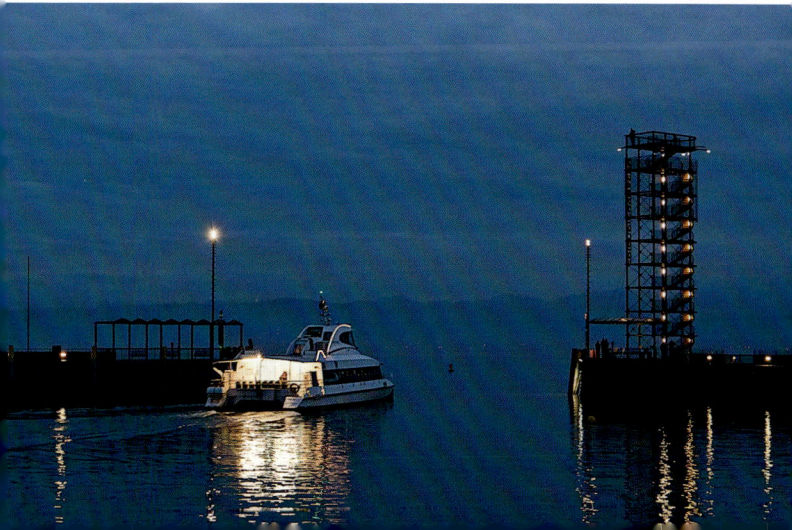

Informationen von A–Z

Auskunft	**115**
Wichtige Adressen	115
Bodensee-Erlebniskarte	**115**
Bootsverleih	**115**
Bibliotheken	**115**
Einkaufen	**115**
Bioläden, Naturkost	116
Galerien	116
Gebrauchtwaren, Second-Hand	117
Geschenke, besondere Wohnaccessoires	117
Feste und Veranstaltungen rund ums Jahr	**117**
Gärten und Parks	**118**
Gästekarte	**120**
Gastronomie	**120**
Ausflugslokale	120
Cafés	120
Gartenlokale und Biergärten	122
Restaurants	123
Ausflugslokale außerhalb des Konstanzer Stadtgebiets	131
Weinstuben und Weinkellereien	133
Kinder: Tipps für Kids	**134**
Kinos	**137**
Kulturzentren	**137**
Märkte, Wochenmärkte	**138**
Museen und besondere Sehenswürdigkeiten	**138**
Musik, Konzerte	**142**
Klassisch	142
Rock, Pop, Jazz	142
Nightlife	**142**
Bars, Kneipen, Pubs	142
Diskotheken, Clubs	144
Öffentliche Verkehrsmittel: Busse und Bahnen	**145**
Parkhäuser in der Altstadt	**145**
Schifffahrt	**146**
Sport, Freizeit und Wellness	**147**
Schwimmen	147
Hallen- und Freibäder	147
Strandbäder	147
Mineral- und Thermalbäder	148
Wassersport	149
Kanuverleih und -touren	149
Segel-/Motorbootschulen	149
Surfschulen und Surfbrettverleih	149
Tauchen	150
Yoga und Entspannung	150
Fahrradfahren	151
Fahrradverleih	151
Fahrradverkauf und -reparatur	152
Minigolf	152
Spielbank	**152**
Stadt- und Naturführungen	**152**
Taxis	**153**
Theater & Bühnen	**153**
Toiletten: öffentliche und „Nette Toiletten"	**154**
Unterkunft, Übernachten	**154**
Hotels	154
Jugendherbergen	156
Camping	157
Literaturverzeichnis	**157**

Alle Telefonnummern ohne Vorwahl gehören zum Konstanzer Ortsnetz (0 75 31).

Auskunft

Wichtige Adressen

Tourist-Information Konstanz GmbH
Bahnhofplatz 43
☎ 13 30-30 oder -31
Fax 13 30-60 oder -70
info@konstanz-tourismus.de
www.konstanz-tourismus.de
April–Okt: Mo–Fr 9–18.30 Uhr,
Sa 9–16 Uhr, So 10–13 Uhr
Nov–März: Mo–Fr 9.30–18 Uhr
Unter der Internetadresse ausführliche Informationen über die Freizeit- und Übernachtungsmöglichkeiten mit Online-Buchungsservice von Konstanz und Umgebung.

Bürgerbüro Stadt Konstanz
Untere Laube 22–24
☎ 9 00-800
Mo–Do 8–17 Uhr,
Fr 8–12.30 Uhr

Bodensee-Erlebniskarte

Beliebiger Zugang zu über 180 Freizeitattraktionen am Bodensee – vom Museum bis zum Thermalbad, vom Tiergarten bis zum Schloss. Man kann Kanus mieten, in Freizeitparks gehen, mit den weißen Schiffen auf dem Bodensee und mit Bahnen in die Berge fahren.
www.bodensee-erlebniskarte.info

Sommerabend am Gondelhafen

Bootsverleih

Marc Fluck
Gondelhafen, beim Konzilgebäude
☎ 2 18 81 oder 01 71 / 7 83 84 96
Tret-, Ruder- und führerscheinfreie Elektroboote.

Bibliotheken

Stadtbücherei im Kulturzentrum am Münsterplatz
Wessenbergstraße 39
Di–Fr 10–18.30 Uhr, Sa 10–14 Uhr

Universitätsbibliothek
Universitätsstraße 10
Mo–Fr 8–23 Uhr (durchgehend),
Sa und So 9–23 Uhr
Die berühmte Wessenberg-Bibliothek ist Teil der Universitätsbibliothek. Wer sich für diese historischen Bände interessiert, kann sich an die Information/Auskunft im Informationszentrum wenden.

Hochschulbibliothek der Hochschule für Technik, Wirtschaft und Gestaltung Konstanz
Brauneggerstraße 55
Semester: Mo–Do 9–22 Uhr,
Fr 9–19 Uhr, Sa und So 10–17 Uhr;
Semesterferien: Mo–Fr 9–13,
Sa und So geschlossen

Dr.-Erich-Bloch-und-Lebenheim-Bibliothek (Jüdische Bibliothek)
Sigismundstraße 19
☎ 88-4176
www.bsz-bw.de/eu/blochbib
an zwei Montagen im Monat 16–18 Uhr

Einkaufen

Ein Einkaufsbummel in der Konstanzer Altstadt ist immer ein besonderes Vergnügen. Viele kleinere und größere Geschäfte in der herrlichen Innenstadt mit netten Möglichkeiten für eine gemütliche Kaffeepause lassen unter der Woche keine große Hektik aufkommen. An Wochenenden strö-

Gemütlicher Bummel durch die Gassen der Altstadt

men allerdings Scharen von Einheimischen, Urlaubern und Schweizern zum Shoppen und Flanieren durch die alten Gassen. Da werden die Plätze in Parkhäusern und Cafés schon mal zu heiß begehrten Kostbarkeiten. Immer wieder trifft man auf Musiker, Gaukler und Clowns, die hier etwas Geld verdienen möchten und dabei manchem Besucher den Tag etwas kurzweiliger gestalten.

Die meisten Warenhäuser findet man im Gebiet Rosgarten-, Bodan- und Hussenstraße. Wer möglichst viele Geschäfte auf engstem Raum besuchen möchte, geht am besten ins Lago Shopping-Center mit seinen 65 Fachgeschäften, Kinos und Lokalitäten am östlichen Ende der Bodanstraße. In den winkeligen Gassen und gemütlichen kleinen Plätzen der Altstadt kommt man immer wieder an zauberhaften Läden und Boutiquen vorüber, die den Einkaufsbummel nebenbei auch zu einem kleinen Augenschmaus machen. Viele charmante Kunstgewerbeläden findet man im ältesten Konstanzer Stadtteil, der Niederburg im nördlichen Teil der Innenstadt.

Ein besonderes Einkaufserlebnis in Konstanz sind die beiden verkaufsoffenen Sonntage im Frühling und im Herbst. Hier geben die Konstanzer Einzelhändler ihr Bestes und inszenieren eine beeindruckende Einkaufsschau.

Bioläden, Naturkost

Alnatura
Münzgasse 4 (Innenstadt)

Biotop
Hüetlinstraße 32 (südliche Innenstadt)

Denns Biomarkt
Bodanstraße 19 (südliche Innenstadt)

Kochs Biowelt
Schneckenburgstraße 4 (Petershausen)

Reginbrot, Biobäckerei
Münzgasse 16 (Innenstadt)

Bauernmarkt
Hussenpassage (Innenstadt)

Galerien

Neben den öffentlichen Museen der Stadt gibt es in und um die Altstadt eine Reihe kleinerer Galerien mit moderner Kunst. Hier eine Auswahl:

Galerie Grashey
Schützenstraße 14
www.grashey.eu
Schwerpunkt Moderne Kunst.

Galerie Geiger
Fischmarkt 5a
www.galerie-geiger.de
Moderne und Zeitgenössische Kunst.

Galerie Knittel – Hans Breitlinger
Neuhauser Straße 13
☎ 6 46 44
www.breinlinger.com
Gemälde des Künstlers Hans Breitlinger. Es wird um telefonische Voranmeldung gebeten.

Galeria il punto
Zollernstraße/Ecke Hohenhausgasse 12
www.stragapede-didra.de/html/galeria.htm
Weltmenschen des Künstlerehepaares Enzo Stragapede und Ursula Stragapede-Didra.

Galerie Mensing
Marktstätte 26
www.galerie-mensing.de
Klassische Moderne, Pop Art, Modern Art, Skulpturen usw.

Galerie Wesner
Bodanstraße 15
www.galerie-wesner.de
Malerei und Graphik des 20. und 21. Jahrhunderts. Mit Einrahmungswerkstatt.

Gebrauchtwaren, Second-Hand

Fairkauf Konstanz
Gartenstraße 48
Second-Hand-Kaufhaus, Service und Warenbörse.

Second Hand Royal
Neugasse 13

Froschkönig
Hohenhausgasse 14
Alles fürs Kind aus zweiter Hand.

Second Heaven
Zollernstraße 4
Teilweise extravagante Second-Hand Bekleidung.

Boutique Seconda Mano
Paradiesstraße 6
Second-Hand Bekleidung.

Geschenke, besondere Wohnaccessoires

Wohnform im Hohen Haus
Zollernstraße 29
www.wohnform-konstanz.de
Exklusiv designte Möbel und Leuchten.

Myer & Miller
Brückengasse 1b
www.myermiller.de
Ausgefallenes Wohninterieur- und Möbelangebot. Individuelle Produkte aus allen Ecken der Erde: Unikate, Antiquitäten, hochwertige Reproduktionen und handgefertigte Waren. Schon die ehemaligen Kirchenräume von St. Johann sind eine Augenweide.

RoseGarden
Wessenbergstraße 14
www.rosegarden-konstanz.de
Vorwiegend englische Wohnaccessoires, Kosmetik und Schmuck.

REYKJAVIK – nordic lifestyle
Tirolergasse 14
www.nordic-lifestyle.de
Laden für Islandfans mit Wohnaccessoires, Kleidung, Schmuck, Büchern u.a.m. von der Vulkaninsel im hohen Norden.

Bent Sörensen
Zollernstraße 10
www.bs-dialog.de
Dänische Möbel und Wohninterieur in der Altstadt.

Fresko Kunst und Handwerk
Wessenbergstraße 33
www.fresko-konstanz.de
Allerlei Accessoires, Schmuck, Keramik und Gefilztes.

Feste und Veranstaltungen rund ums Jahr

In den Sommermonaten jagt in Konstanz ein Event das andere, aber auch außerhalb der Hauptsaison wird regelmäßig für Unterhaltsames und Besonderes gesorgt, was die Stadt das ganze Jahr über zu einem Besuchermagneten macht. Hier die wichtigsten jährlichen Veranstaltungen auf einen Blick. Die Termine können von Jahr zu Jahr etwas abweichen. Das jeweils genaue Datum ist bei der Tourist-Information Konstanz oder im Internet zu erfahren.

Traditionsreiche Geschäftshäuser in der Rosgartenstraße

Mai

Jazz Downtown: Zahlreiche Jazzbands spielen Anfang Mai ab 19.30 Uhr in vielen Lokalen der Altstadt. Der Erlös kommt dem Konstanzer Hospizverein zugute.
www.jazz-downtown.de

Ende Mai/Anfang Juni

Internationale Bodenseewoche, Segelregatta: An diesen Tagen finden im Konstanzer Stadthafen Konstanz und in der Konstanzer Bucht neben Regatten klassischer Yachten und moderner Hightech-Rennyachten u. a. Wasserski-Shows, ein internationales Oldtimer-Treffen sowie unterschiedliche Ausstellungen im Rahmen eines bunten Hafenfestes statt.
www.bodenseewoche.net

Ende Juni/Anfang Juli

Großer grenzüberschreitender Flohmarkt: Auf rund 12 km Länge kann man bei gemütlichem Kerzenschein die ganze Nacht in der Konstanzer Altstadt, der Laube und in Teilen von Kreuzlingen nach allerlei Schnäppchen stöbern. Der Flohmarkt beginnt am späten Samstagnachmittag und endet erst in den Nachmittagsstunden des Sonntags.
www.flohmarkt-konstanz.de

Ende Juli/Anfang August

Konstanzer Weinfest: Das viertägige Wein- und Musikspektakel findet alljährlich auf dem St. Stephansplatz statt.
www.weinfest-konstanz.de

August

Konstanzer Sommernächte: Rock- und Popmusik, vielfältige Gaumenfreuden sowie ein kreatives Kinderprogramm im Stadtgarten und an der Seeuferstraße ziehen alljährlich Tausende Besucher in die Stadt. Krönender Abschluss ist das Seenachtfest mit dem Feuerwerk.
www.sommernaechte.com

Konstanzer Seenachtfest: Die seit über 60 Jahren stattfindende Veranstaltung am Seeufer hat sich inzwischen zum größten und bekanntesten Fest am Bodensee entwickelt. Höhepunkt ist das grandiose Seefeuerwerk. Auf verschiedenen Bühnen wird Livemusik gespielt. Über 50 Gastronomiestände in weißen Zelten reihen sich wie Perlen an einer Schnur um die Konstanzer Bucht, dazwischen unterhalten Gaukler, Artisten und Straßentheater die Besucher. Das Konstanzer Fest findet immer gemeinsam mit dem Kreuzlinger Seenachtfest statt.
www.seenachtfest.com

Kammeroper im Rathausinnenhof: Jedes Jahr findet mitten in der Konstanzer Altstadt in einem der schönsten Renaissanceinnenhöfe Süddeutschlands eine Operninszenierung mit üblicherweise fünf Vorstellungen statt.
www.rathausoper.de

Ende August

Rock am See: Seit 1985 jährlich stattfindendes 1-Tages-Open Air Festival am Bodenseestadion beim Strandbad Horn.
www.rock-am-see.de

Mitte September bis Anfang Oktober

Deutsch-Schweizer Oktoberfest: Mit einem Festzelt auf dem Festplatz Klein Venedig.
www.oktoberfest-konstanz.com

Ende Oktober

Konstanzer Jazzherbst: Das mehrtägige hochkarätige Jazzfestival lockt seit über 30 Jahren Musikfreunde aus weitem Umkreis in die Bodenseestadt.
www.jazzclub-konstanz.de

Ende November bis 23. Dezember

Konstanzer Weihnachtsmarkt: Stimmungsvoller Budenzauber während der Adventszeit auf der Markstätte.
www.weihnachtsmarkt-deutschland.de/weihnachtsmarkt-konstanz.html

Gärten und Parks

Stadtgarten

Die städtische Parkanlage zwischen Bahngleisen, Hafen und Inselhotel entstand 1863, als man dort die Schuttmassen der infolge des Baus der neuen Bahnstrecke

Idylle am Stadtgarten mit dem Schwanenteich

abgebrochenen ehemaligen Stadtbefestigung in den See kippte. Zuvor reichte das Seeufer mit seinen Badeanstalten bis in den Bereich der heutigen Bahnanlage. 1879 wurde der frisch bepflanzte neue Park mitsamt dem Gondelhafen feierlich an Bürgerschaft und Urlauber übergeben. Zahlreiche Ruhebänke oder die abgestuften Quaimauern am Gondelhafen laden zu einem gemütlichen Ruhepäuschen mit Blick auf das Wasser ein. Imbissstände sorgen für Abhilfe gegen den „kleinen Hunger".

Palmenhaus
Zum Hussenstein 10
www.bund-konstanz.de
Di, Do und Fr 10–17 Uhr,
Mi 10–12.30 Uhr, So 14–17 Uhr,
Mo und Sa geschlossen
Denkmalgeschütztes Gewächshaus von 1923 mit Hunderten (völlig unsystematisch gepflanzten) exotischen Pflanzen (→ Tour 4). Ideal für einen kurzen Abstecher in die Tropen.

Seeufer-Park (Kreuzlingen)
Der 2,5 km lange Seeufer-Park zwischen Kreuzlingen und dem Bodensee ist der größte öffentliche Erholungs- und Erlebnispark am Bodensee. Rund um das märchenhafte Schloss Seeburg gibt es weitläufige Grün- und Erholungsflächen mit einigen ökologisch wertvollen Naturschutzgebieten, durch die auch ein Lehrpfad mit interessanten Informationstafeln führt.

Botanischer Garten der Universität
Universität Konstanz
Allmannsdorfer Weg/Langhardtstraße
☏ 88 35 97 (Dr. Schmitz)
www.uni-konstanz.de/botanischergarten
Mo–Do 8–15.45 Uhr,
Fr 8–14 Uhr
Kleiner botanischer Garten mit kleinen, teilweise öffentlichen Schaugewächshäusern und größerem Außenbereich (→ Tour 8). Außerdem wurde ein ökologischer Waldlehrpfad in einer dem Garten angeschlossenen Waldparzelle in Form eines Bannwaldes angelegt. Am jeweils ersten Sonntag im Monat finden meist Führungen statt. Der Eintritt ist frei.

Blumeninsel Mainau
Aktuelle Informationen zu Öffnungszeiten, Eintrittspreisen und Veranstaltungen:
Mainau-Servicezentrum
☏ 3 03-0
www.mainau.de

Dank des milden Inselklimas gedeihen hier zahlreiche subtropische und auch tropische Pflanzenarten. Neben der teilweise exotischen Flora erwarten den Besucher das Jahr über die unterschiedlichsten Pflanzenschauen und Kulturausstellungen

Gästekarte

Seit 2007 erhebt die Stadt Konstanz ganzjährig von allen Gästen ab 18 Jahren, die mindestens zwei Nächte in der Stadt verbringen, eine Kurtaxe. Sie wird in der Regel über die Übernachtungsbetriebe bezahlt. Dafür bekommt der Gast eine Gästekarte, mit der er freie Fahrt in den von den Stadtwerken betriebenen (roten) Bussen im Stadtgebiet hat und Ermäßigungen zu zahlreichen touristischen Attraktionen erhält.

Gastronomie

Ausflugslokale

Strand-Café Restaurant Hörnle
Eichhornstraße 100
☏ 36 78 93
März–Sept: täglich geöffnet
Okt–Feb: Mo und Di Ruhetage
Einfaches Ausflugslokal direkt am Strandbahn Horn mit großem Außenbereich.

Restaurant seelig
Wilhelm-von-Scholz-Weg 2
☏ 36 30 72 00
Mo–Sa 10–23 Uhr, So 10–22 Uhr
Modernes Restaurant und Café im „Schiffsbug" der Bodensee-Therme mit schöner Außenbewirtschaftung.

Modernes Ambiente am Seeufer

Café-Restaurant Seeheim
Eichhornstraße 86
☏ 6 92 26 00
Di–So ab 14 Uhr,
Mo Ruhetag
Wie ein Märchenschloss an einem kleinen Weiher gelegenes Café-Restaurant mit wunderschöner Außenterrasse. Gute thailändische Küche in schönem Ambiente. Das Schloss Seeheim liegt zwischen der Bodensee-Therme und dem Strandbad Horn nahe dem Uferweg. Wegen geschlossener Gesellschaften empfiehlt es sich vor allem an Samstagen, vorher telefonisch anzufragen.

Fischerhaus
Promenadenstraße 52
CH-8280 Kreuzlingen
☏ +(41) 71 / 688 18 77
1. Mai–31. Aug: täglich ab 10 Uhr, sonst Öffnungszeiten am besten telefonisch erfragen
Schön gelegenes Lokal mit großer Außenbewirtschaftung direkt am Seeufer, u. a. unterschiedlichste Fischgerichte.

Restaurant Schloss Seeburg
Seeweg 5
CH-8280 Kreuzlingen
☏ +(41) 71 / 688 47 75
Do–Mo 11–24 Uhr, Di und Mi Ruhetage
(Juni–Aug: nur Di)
Stilvolles Restaurant und Café in den wunderschönen Räumlichkeiten von Schloss Seeburg. Von der Gartenterrasse hat man einen herrlichen Blick auf das Schloss und den Bodensee. Gehobene Küche.

Waldhaus Jakob
Eichhornstraße 84
☏ 81 00 13
täglich 11.30–21.30 Uhr
Das Waldhaus Jakob liegt zwischen Lorettowald und Bodensee-Therme. Auf der reichhaltigen Speisekarte werden vorwiegend badische, bayerische und auch schwäbische Gerichte angeboten. Nette Gasträume, zum Teil mit Blick auf den See. Im Sommer lockt ein netter Biergarten die Gäste ins Freie. Das Waldhaus ist ein attraktives Ziel für Spaziergänger.

Cafés

Altstadt

Café Marktstätte
Marktstätte 22
Mo–Fr 8–19 Uhr
Café mit großer Eiskarte und verschiedenen Müsliangeboten.

Café Zeitlos
St.-Stephansplatz 25
täglich 10–1 Uhr
Gemütliche Frühstücksatmosphäre, entspannende Nachmittage beim Milchkaffee oder lange Sonntage beim Brunch im lauschigen Café-Garten sind die Markenzeichen dieses gemütlichen Lokals an der St. Stephanskirche.

Kaffeehaus-Restaurant Krone
Brotlaube 2a
täglich geöffnet
Stilvoll eingerichtetes und sogar mit einem schwarzen Flügel ausgestattetes Café und Restaurant in zentraler Lage. Ruhige Atmosphäre mitten im lebhaften Treiben um die Marktstätte.

Café Rosgarten
Rosgartenstraße 9
Mo–Sa 8.30–19 Uhr,
So 10–18.30 Uhr
Kuchen- und Tortenparadies auf zwei Etagen mit gemütlichem Cafégarten. Gediegene Kaffeehausatmosphäre mit großer Auswahl an leckeren Süßwaren aus der hauseigenen Konditorei.

Café Voglhaus
Wessenbergstraße 8
Mo–Sa 9–18.30 Uhr, Fr 10–23 Uhr,
So 11–18 Uhr
Außergewöhnliches Café im Coffeeshop-Stil mit ausgefallenem Interieur und hohem Qualitätsanspruch hinsichtlich Kaffeebohnen und Zubereitung. Zwischen den Kuschelkissen in den Fensternischen, auf den bequemen Sitzsäcken oder auf den Stühlen mitten in der belebten Fußgängerzone schmeckt der ohnehin gute Kaffee noch leckerer.

Café & Restaurant Wessenberg
→ Restaurants

Café-Restaurant Seeheim
→ Ausflugslokale

Café Petit Bijou
Bahnhofplatz 6
täglich geöffnet
Elegantes Café in den historischen Räumen eines alten Hotels im Osten der Altstadt. Gute Auswahl an Kaffee- und Teesorten sowie an Kuchen und Gebäck.

Café Aran
Marktstätte 6
Mo–Fr 7.30–21 Uhr
(Winter: 7.30–19.30 Uhr),
Sa und So 9.30–19 Uhr

Quirliges Leben in der Wessenbergstraße

Besonderer Platz: die Seeterrasse des Inselhotels

Hübsch gestaltetes Café mit Selbstbedienung. Schöne alte Räume im Erdgeschoss des ehemaligen Nobelhotels Krone. Das Aran-Konzept ist eine Kombination aus Café und Naturkostbäckerei. Sitzplätze sind mitunter Mangelware.

O'LAC Restaurant, Bar, Lounge, Café
→ Restaurants

Seeterrasse des Steigenberger Inselhotels
Auf der Insel 1
täglich geöffnet
Bei gutem Wetter sicher einer der schönsten Orte der Stadt, um Kaffee und Kuchen zu genießen.

Eiscafé am Hafen
Hafenstraße 10
März/April: ab 10 Uhr
Mai–Sept: ab 8 Uhr
Schöne Lage am Hafen und große Auswahl an Eissorten und -torten.

Petershausen

Porta Negra Coffeelounge
Von-Emmich-Straße 3
(Eingang Petershauser Straße)

Mo–Sa 9–19 Uhr, So 10–19 Uhr
Behagliches Café und Kneipe mit großer Auswahl an Kaffee- und Teesorten sowie einigen Kuchensorten und frisch gepressten Säften. Besonders beliebt bei Studenten und WLAN-Nutzern, die die entspannte Atmosphäre gerne zum Arbeiten am Notebook nutzen. Die Coffeelounge dient gleichzeitig als Galerie für verschiedene Künstler, die hier ihre Bilder ausstellen und verkaufen können. Es werden auch unterschiedliche Themenabende angeboten.

Gartenlokale und Biergärten

Die angegebenen Öffnungszeiten gelten im Sommer bei schönem Wetter.

Die Bleiche, Stromeyer
Bleicher Straße 8
☎ 9 42 28 60
Sommer: täglich 11.30–24 Uhr
Okt–Feb: Mo ab 14.30 Uhr geschlossen
Schön am Seerheinufer gelegenes Lokal mit guter Küche. In den gepflegten Gasträumen und dem großen Biergarten gibt es täglich Mittagsbuffet und eine Saisonkarte.

Strand-Café Restaurant Hörnle
→ Ausflugslokale

Fischerhaus
→ Ausflugslokale

Hafenhalle
Hafenstraße 10
☎ 2 11 26
täglich geöffnet
Direkt am See und Yachthafen gelegen, bietet die Hafenhalle die einzigartige Atmosphäre eines Biergartens mit südlichem Flair und Seeblick. Möwen kreischen, Bootsleinen klappern im Wind, und die großen Bodensee-Kursschiffe stoßen ins Horn. An lauen Sommerabenden manchmal ziemlich überfüllt mit Gästen in Partylaune. Es gibt verschiedene Biersorten und eine Speisekarte mit zahlreichen regionalen und internationalen Gerichten.

Hafenmeisterei
Hafenstraße 8
☎ 3 69 72 12
täglich 9–2 Uhr (Wochenende: 9–3 Uhr)
Moderne Location in der alten Hafenmeisterei. Stilvoll eingerichtetes Restaurant, Café, Vinothek und Lounge mit großer Außenbewirtschaftung direkt am Seeufer. Die offene Küche lässt Einblicke auf das Geschehen an Wok und Pfanne zu. Die Küche ist vielfältig, mit einem interessanten Mix aus regionalen und internationalen, vorwiegend fernöstlichen Gerichten.

Rheinterrasse
Spanierstraße 5
☎ 5 60 93

Speisen mit Weitblick: Rheinterrasse

Mo–Fr ab 17.30 Uhr, Sa ab 14 Uhr,
So ab 10.30 Uhr
bei schönem Wetter: täglich ab 11.30 Uhr,
So ab 10.30 Uhr
Das beliebte Restaurant und Café bietet auf seinem großen Balkon rund um das Gebäude viele Plätze mit großartigem Ausblick. Man sieht auf die Altstadt, Badende im Seerhein, vorbeifahrende Boote und erlebt hier oft schöne Sonnenuntergänge. Mit dieser Lage ist die Rheinterrasse ein echter Tipp bei schönem Sommerwetter. Es werden verschiedene Gerichte aus heimischer und internationaler Küche angeboten. Nebenbei ist auch das modern gestaltete Rondellinnere ganz behaglich. Es verwandelt sich zu fortgeschrittener Stunde in eine „loungige" Bar mit angenehmer Atmosphäre.

Seekuh
Konzilstraße 1
☎ 2 72 32
täglich ab 18 Uhr
Gemütliche Gaststätte mit lauschigem Biergarten unter großen Kastanienbäumen in zentraler Lage. Das Publikum ist in der Regel eher studentisch und die Küche italienisch angehaucht.

Restaurants

Regionale und internationale Küche

Altstadt

Barbarossa
Obermarkt 8–12
☎ 1 28 99 0
täglich geöffnet
Gutbürgerliches Restaurant mit gediegenem historischen Ambiente.

Brauhaus „Johann Albrecht"
Konradigasse 2
☎ 2 50 45
www.brauhaus-joh-albrecht.de
täglich 11.30–1 Uhr
Großes Restaurant in der Niederburg mit hausgebrauten Bieren. Die kupfernen Braukessel befinden sich direkt im Gastraum.

Kaffeehaus-Restaurant Krone
→ Cafés

Café & Restaurant Wessenberg
Wessenbergstraße 41
☏ 91 96 64
Mo–Do 9–1 Uhr, Fr und Sa 9–2 Uhr,
So 10–1 Uhr
Schickes Restaurant mit wunderschöner Außenbewirtschaftung in einem der größten Innenhöfe der Altstadt. Neben einer großen Auswahl an Weinen bietet das Lokal eine moderne, kreative Küche mit Einflüssen aus dem Mittelmeerraum, Asien und der creolischen Küche.

Elefanten
Salmannsweilergasse 32–34
☏ 2 21 64
Mo–Sa 11.30–14.30 und 17.30–24 Uhr,
So Ruhetag
Gemütliches und beliebtes Restaurant in der Altstadt im historischen „Haus zum Elefanten" von 1468. Vielfältige Speisekarte mit regionalen Fisch- und Fleischgerichten.

Graf Zeppelin
St. Stephansplatz 15
☏ 6 91 36 90
täglich geöffnet
Gepflegtes Restaurant in traditionsreichem Hotel mit großer regionaler und internationaler Speisekarte. Schöner historischer Gastraum mit interessanter Mischung aus Alt und Modern.

Heppeler's
Konzilstraße 3
☏ 2 84 67 95
täglich ab 10 Uhr, So ab 11 Uhr
Das ehemalige Theatercafé im Herzen der Altstadt besticht durch seine schmackhaften Speisen und sein gemütliches Interieur.

Restaurant Hotel Golden Tulip Halm
Bahnhofplatz 6
☏ 1 21-0
täglich geöffnet
Exklusives Restaurant im Maurischen Saal, einem der prächtigsten historischen Galsträume in Konstanz im Osten der Altstadt. Im prunkvollen orientalischen Ambiente werden maurische und badische Gerichte serviert.

Konstanzer Bürgerstuben
Bahnhofplatz 7
☏ 2 46 62
täglich geöffnet
In dem beim Bahnhof gelegenen Lokal mit Außenterrasse werden regionale und internationale Gerichte serviert.

Konzil-Gaststätten
Hafenstraße 2
☏ 2 12 21
täglich ab 10 Uhr
Großes Restaurant im historischen Konzilgebäude. In den geräumigen Gastsälen und dem großen Außenbereich werden zahlreiche badische und internationale Gerichte serviert. Große Auswahl an Fischgerichten. Eine Besonderheit ist die ebenfalls angebotene Hildegard-von-Bingen-Kost nach Dr. Strehlow.

Papageno
Hüetlinstraße 8a
☏ 36 86 60
Di–So 12–14 Uhr und ab 18 Uhr,
Mo Ruhetag
Gehobenes Gourmetrestaurant in der Nähe des Bodanplatzes. Schöne Räumlichkeiten, Küche mit französisch-mediterraner Ausrichtung. Mittagstische.

Münsterhof
Münsterplatz 3
☏ 3 63 84 27
täglich 12–1 Uhr, Sa bis 3 Uhr
Gutbürgerliche Gaststätte direkt am Münster mit regionaler und internationaler Speisekarte und günstigen Mittagsgerichten.

Besuchermagnet: der Münsterplatz

Gemütliches Sitzen in der Altstadt

Zur Schweizer Grenze
Gottlieber Straße 64
☎ 2 25 23
Fr–Di 11–14 und 17–24 Uhr,
Mi und Do Ruhetage
Etwas rustikale Wirtsstube mit leicht angestaubtem Flair, aber guter regionaler Küche. Hier werden leckere Hauptgerichte und Nachspeisen angeboten.

Schmitt's
Hieronymusgasse 2
☎ 69 19 03
täglich 10–1 Uhr
Das kleine Restaurant Schmitt's liegt direkt gegenüber dem Kulturzentrum K9. Das Innere wird durch einen etwas plüschig-alternativen Einrichtungsmix geprägt. Am schönsten sitzt es sich bei gutem Wetter vor dem Lokal. Es werden vorwiegend regionale Produkte verwendet.

Exxtra
Hussenstraße 28
☎ 2 33 94
Mo–Sa ab 11.30 Uhr, So Ruhetag
Café-Kneipe beim Kulturzentrum K9 in der Altstadt mit großem Außenbereich und gemütlichem Balkon über der Hieronymusgasse. Die richtige Location für den, der preiswert und doch gut essen möchte. Besonders bei Studenten und allgemein eher jüngerem Publikum beliebt. Gut geeignet auch für Spieleabende, denn es gibt jede Menge Brettspiele zur Auswahl.

Zur Wendelgard
Inselgasse 5
☎ 91 74 88
Mo–Do 11.30–14 und 17.30–1 Uhr,
Fr 17.30–1 Uhr, Sa und So 18.30–24 Uhr
Gemütliche, etwas rustikale Wirtsstube in der Niederburg mit Außenbewirtschaftung entlang der Inselgasse mit angenehmer Atmosphäre. Kleine, aber feine Speisekarte mit eher bodenständigen Gerichten.

Tolle Knolle
Bodanplatz 9
☎ 1 75 75
täglich 11–23.30 Uhr
Freundliches Restaurant mit schöner Außenbewirtschaftung am Bodanplatz. Seine Küche hat sich ganz den Kartoffeln verschrieben, die hier in allen Varianten serviert werden, als Hauptgericht oder Beilage.

Restaurant Petershof
St.-Gebhard-Straße 14
☎ 99 33 99
Mi–Sa 17–23 Uhr,
So 10–14 und 17–22 Uhr

Gutbürgerliches Restaurant in Petershausen mit ausgezeichneter Küche und hervorragendem Service. Große Speisekarte mit überwiegend regionalen Gerichten.

Wallgut
Schottenstraße 33
☏ 2 39 07
Di, Mi und Fr–So 11.30–14.30 und 17–22 Uhr, Do 11.30–14.30 Uhr, Mo Ruhetag
Nettes Restaurant mit gutbürgerlicher Küche im Stadtteil Paradies. Es werden hauptsächlich frische Zutaten aus der Region und der jeweiligen Saison verwendet. Gemütlicher Gastraum mit schöner Außenbewirtschaftung.

Zum Pfannkuchen
Hüetlinstraße 39
☏ 2 73 50
Mo–Sa 17–24 Uhr, So 17–23 Uhr
Wie der Name dieses gemütlichen Lokals nahe der Schweizer Grenze leicht verrät, dreht sich in diesem Restaurant fast alles um Pfannkuchen, zubereitet mit einem Teig nach klassischer deutscher Art. Ob herzhaft oder süß – beide Geschmacksvarianten füllen mehrere Seiten der Speisekarte.

Am Seeufer

Hafenmeisterei
→ Gartenlokale und Biergärten

O'LAC Restaurant, Bar, Lounge, Café
Seestraße 21
☏ 81 57 65
Restaurant innen:
Mo, Mi, Do, So 18–24 Uhr,
Fr und Sa 18–3 Uhr, Di Ruhetag
Gartenterrasse (Mai–Sept):
Mo–Sa 14–23 Uhr, So 12–23 Uhr
Gutes Restaurant in der Casino-Villa am Seeufer. Schicke Innenräume und schöne Außenbewirtschaftung. Es wird internationale Küche mit einer großen Fischkarte angeboten.

Restaurant seelig
→ Ausflugslokale

Steg 4
Hafenstraße 8
☏ 1 74 28
April–Okt.: täglich 11–1 Uhr, sonst Di Ruhetag
Restaurant mit großer Außenbewirtschaftung in der Nähe des Konstanzer Hafens.

Am Seerheinufer

Die Bleiche, Stromeyer
Bleicher Straße 8
☏ 9 42 28 60
Sommer: täglich 11.30–24 Uhr
Okt–Feb: Mo bis 14.30 Uhr
Schön am Seerheinufer gelegenes Lokal mit guter Küche. In den schönen Gasträumen und dem großen Biergarten gibt es täglich Mittagsbuffet und eine Saisonkarte.

Seerhein
Spanierstraße 3
☏ 9 42 33 55
täglich 11–24 Uhr
Schön gestaltetes Restaurant im ehemaligen Offizierskasino aus der Kaiserzeit mit großem Wintergarten und Terrasse mit Ausblick zum Seerhein und zur Niederburg. Gutbürgerliche Küche mit mediterranem Einschlag.

Einst Offizierskasino, heute Restaurant

Staad

Gasthof zur Traube
Fischerstraße 4
☏ 3 13 17
Di–Sa 14.30–23.30 Uhr,
So 11.30–15 Uhr, Mo Ruhetag
Traditionelle Gaststätte mit zahlreichen Wildgerichten und regelmäßigen Schlachtfesten. Reichhaltige Speisekarte mit gutbürgerlicher Küche.

Blick vom William-Graf-Platz auf den Fährhafen

Staader Fährhaus
Fischerstraße 30
☏ 36 16 76 3
täglich 11–23 Uhr,
So ab 10 Uhr,
im Winter Mi Ruhetag
Schön am See gelegenes Restaurant mit hervorragender regionaler und mediterraner Küche und leckeren Nachspeisen. Gemütliche Seeterrasse unter Platanen mit Blick auf Meersburg.

Hohenegg
Hoheneggstraße 45
☏ 3 35 30
Saison: täglich 11–24 Uhr,
durchgehend warme Küche
Elegantes Restaurant direkt am See bei Staad mit guter Küche und schöner Seeterrasse. Eine Oase der Ruhe.

Elsässisch

Storikenescht
Döbelestraße 3
☏ 91 90 47
Di ab 18 Uhr, Mi–So 11.30–14.30 und 17.30–24 Uhr,
Mo Ruhetag
Das gemütliche Storchennest unweit der Schweizer Grenze bietet eine große Palette an elsässischen Spezialitäten wie Baeckeoffe, Flammkuchen, Buewespätzle und Choucroute und vielen leckeren Desserts aus dem Elsass und Frankreich.

Chinesisch

Mandarin
Bodanplatz 4
☏ 2 98 32
Mo–Sa 11.30–14.30 und 17.30–23.30 Uhr, So 12–21 Uhr
Chinarestaurant im Westen der City, umfangreiche Speisekarte und großes Mittagsbuffet.

Ratsstube
Kanzleistraße 16
☏ 1 54 00
täglich 11.30–15 und 17.30–23.30 Uhr
Chinarestaurant im Zentrum der Altstadt, große Auswahl an guten chinesischen Gerichten.

Indisch

Maharani Amarjit Singh Restaurant
Konradigasse 1
☏ 2 02 90
Di–Fr 11.30–14.30 und 17–23.30 Uhr,
Sa und So 17–23.30 Uhr, Mo Ruhetag
Das Maharani ist ein gemütliches indisches Restaurant im Norden der Altstadt mit einer großen Auswahl an indischen Gerichten, schönes Ambiente.

The Rambagh Palace
Brückengasse 1
☎ 2 54 58
Di–So ab 18 Uhr, Mo Ruhetag
Indisches Restaurant im wunderschönen Ambiente der ehemaligen mittelalterlichen Kirche St. Johann in der Altstadt. Sehr farbenfroh gestaltet mit vielen indischen Gerichten.

Sitara
Paradiesstraße 7
☎ 9 18 99 41
Mo–Sa 11.30–14.30 und 17.30–24 Uhr, So 17.30–24 Uhr
Beliebtes indisches Restaurant am westlichen Rand der Altstadt mit einer reichhaltigen Speisekarte. Es werden auch viele vegetarische Speisen angeboten. Ambiente mit Stuckdecke und dunklen indischen Holzmöbeln. Es wird gebeten, gleich bei der Bestellung anzugeben, ob das Gericht scharf oder eher mild sein soll. „Scharf" bedeutet hier „richtig scharf" wie in Indien.

Italienisch

Casablanca
Marktstätte 15
☎ 1 66 52
täglich 10–1 Uhr (warme Küche bis 24 Uhr)
Vor allem bei Touristen beliebtes italienisches Lokal direkt beim Kaiserbrunnen. Der große Außenbereich auf der belebten Marktstätte ist bei schönem Wetter immer gut besucht. Reichhaltige Speisekarte mit zahlreichen Salaten, Pasta-, Pizza-, Fleisch- und Fischgerichten. Kein Restaurant für Gäste, die besonderen Wert auf einen zuvorkommenden Service legen.

Da Giuseppe
Wallgutstraße 3
☎ 3 61 22 55
Mo–So 11–14.30 und 17.30–23 Uhr
Nettes italienisches Restaurant im Paradies, das vor allem für seine leckeren Pizzas bekannt ist.

Pinocchio
Untere Laube 47
☎ 1 57 77
Mo–Sa 12–14 und 18–24 Uhr, So 12–15 und 18–23 Uhr
Schönes italienisches Restaurant mit Biergarten am westlichen Rand der Altstadt. Spezialität sind u. a. die hausgemachten Ravioli.

La Cucina
Zogelmannstraße 5
☎ 2 33 85
Mo–Sa 11.30–14.30 und 17.30–23 Uhr, So Ruhetag
Das italienische Restaurant im Stadelhofener Wiesentäler Hof mit netter Außenbewirtschaftung entlang der Scheffelstraße bietet eine reichhaltige Speisekarte mit guten italienischen Gerichten.

Südliches Flair um den Marktbrunnen

La Grotta
Untere Laube 33
☏ 2 28 28
Di–Fr und So 11.30–14.30 und
17.30–23 Uhr,
Mo und Sa 17.30–23 Uhr
Urig-rustikale Gaststube mit guter italienischer Küche, reichhaltige Speisekarte.

Pane e vino
Konradigasse 15
☏ 3 63 27 77
Mo–Fr 11–14 und 17–24 Uhr,
Sa und So 17–24 Uhr
Gemütliches italienisches Restaurant in der Konstanzer Altstadt.

Il Castello
St.-Johann-Gasse 9
☏ 2 70 07
täglich 11–14.30 und 17–24 Uhr
Betritt man den mit Mauern und Zinnen eingefriedeten Biergarten mit seinen großen Bäumen, hat man tatsächlich den Eindruck, in einen Burghof zu kommen. Innen würde man eigentlich Ritterrüstungen und alte Gemälde erwarten, aber man wird von einem hellen mediterranen Ambiente begrüßt. Das Restaurant befindet sich in der nördlichen Altstadt (Niederburg) und bietet eine reichhaltige Speisekarte und gute italienische Küche.

La Paesana
Hussenstraße 44
☏ 45 58 68
Mo–Sa 11.30–14.30 und 17.30–23 Uhr,
So Ruhetag
Gemütliche Trattoria mit guter sardischer Küche in der Altstadt.

Il Pescatore
Fischmarkt 1
☏ 3 63 37 65
täglich 11.30–14.30 und 17.30–24 Uhr
Italienisch-sardisches Restaurant mit schönem Außenbereich in der Altstadt.

La Piazza
Marktstätte 2
☏ 9 17 9 27
Mo–So 10–23 Uhr
Italienisches Restaurant an der belebten „Piazza Marktstätte". Reichhaltige Speisekarte und netter Außenbereich.

San Martino
Bruderturmgasse 3
☏ 2 84 56 78
Di–Sa 11.30–14 und 18–23 Uhr,
So 18–23 Uhr, Mo Ruhetag
Exklusives italienisches Nobelrestaurant in spektakulärer Lage an der ehemaligen Stadtmauer. Schönes Ambiente zwischen alten Mauersteinen. Das Restaurant und eine Lounge sind in zwei miteinander verbundenen Gebäuden untergebracht, zwischen denen sich der Gast bequem bewegen kann. Gehobene italienische Küche. Donnerstag ist Fischtag. Zwei Außenterrassen.

Japanisch

Bo Dai Tai
Stadelhofgasse 1
☏ 45 82 19
Di–So 18–23 Uhr,
Mo Ruhetag
Kleines japanisches Sushi-Restaurant in Stadelhofen. Das Ambiente ist japanisch, und wer möchte, kann an typisch japanischen Tischen in Essnischen knien, wobei man dort vorher die Straßenschuhe ablegen sollte. Im Sommer gibt es auch die Möglichkeit, draußen zu sitzen. Das Sushi wird inmitten des Lokals vor den Augen der Gäste frisch zubereitet. Große Auswahl an guten original japanischen Sushi-Gerichten und freundlicher Service. Vormittags nur noch Take-Away.

Sushi-Bar Tatsumi
Wollmatinger Straße 70b
☏ 3 62 10 09
Di–Fr 12–14.30 und 18–23 Uhr,
Sa und So 17–23 Uhr,
Mo Ruhetag
Stilvolles japanisches Restaurant mit vielen leckeren Sushi-Gerichten, die „direkt vor der Nase" frisch zubereitet werden. Im Sommer gibt es auch die Möglichkeit, einen der wenigen Tische im Außenbereich zu ergattern. Freundlicher Service.

Gemütliche Gastronomie in der historischen Niederburg

Spanisch, Lateinamerikanisch

La Bodega
Schreibergasse 40
☎ 2 77 88 (Reservierung erforderlich)
Di–Sa 17–1 Uhr, So und Mo Ruhetage
Gemütliche Tapas-Bar mit urigem Ambiente, versteckt im Gassenlabyrinth der Niederburg. Gute kanarische Küche mit köstlichen Tapas-Variationen.

Latinos
Am Fischmarkt
☎ 1 73 99
Mo–So 10–1 Uhr, Sa bis 2 Uhr
Farbenfroh gestaltetes lateinamerikanisches Restaurant mit großer Auswahl an vor allem mexikanischen Gerichten.

Thailändisch und sonstige asiatische Küche

Bangkok
Brauneggerstraße 47
☎ 1 55 89
Mo–Fr und So 12–14 und 18–23 Uhr,
Sa 18–23 Uhr
Kleines thailändisches Restaurant westlich der Altstadt (Paradies). Das angenehm schlicht, aber mit thailändischer Eleganz eingerichtete Lokal bietet eine reiche Auswahl an leckeren Gerichten aus der traditionellen Thaiküche.

Karma
Sigismundstraße 14
☎ 3 69 80 24
Mo–Fr 11.30–15.30 und 17.30–24 Uhr,
Sa 11.30–24 Uhr, So 17.30–24 Uhr
Asiatisches Restaurant mit schönem Ambiente und guten Gerichten aus der Region Singapur. Singapurs Küche ist reichhaltig, mit Einflüssen aus Indien, Thailand, Malaysia und China – dementsprechend vielfältig ist die Speisekarte.

Schloss Seeheim
Eichhornstraße 86
☎ 6 92 26 00
Di–So ab 14 Uhr, Mo Ruhetag
Wie ein Märchenschloss an einem kleinen Weiher gelegenes Café-Restaurant mit wunderschöner Außenterrasse. Gute thailändische Küche in schönem Ambiente. Das Schloss Seeheim liegt zwischen der Bodensee-Therme und dem Strandbad Horn nahe dem Uferweg. Wegen geschlossener Gesellschaften empfiehlt es sich vor allem an Samstagen, vorher telefonisch anzufragen.

Türkisch

Eumel
Hüetlinstraße 23
☎ 2 24 47
Mo–So 17.30–24 Uhr (warme Küche bis 23 Uhr)
Das am südlichen Rand der Altstadt (Stadelhofen) gelegene Restaurant wirkt von außen ein bisschen wie ein Verkaufsladen für orientalische Leuchten. Das beliebte Lokal besticht aber durch seine reichhaltige Speisekarte mit vielen leckeren Gerichten zu günstigen Preisen.

Radieschen
Hohenhausgasse 1
☎ 2 28 87
Mo–So 11.30–1 Uhr (warme Küche bis 23 Uhr)
Auch wenn der Name der ehemaligen Studentenkneipe eher ein vegetarisches Vollwertrestaurant vermuten lässt, handelt es sich hier um ein nettes türkisches Restaurant im Herzen der Altstadt. Gemütlicher Gastraum mit Außenbewirtschaftung. Gute Auswahl an eher preiswerten Gerichten.

Sedir
Hofhalde 11
☎ 2 93 52
Mo–Sa 11.30–14.30 und 18–1 Uhr, So 18–1 Uhr (warme Küche bis 23.30 Uhr)
Türkisches Restaurant in der Nähe des Münsterplatzes mit vielen guten und preiswerten Gerichten. Das Gasthaus erscheint von außen nicht besonders attraktiv. Das Ambiente des beliebten Lokals ist abgesehen von den vielen alten Uhren an den Wänden schlicht, aber gemütlich. Tagsüber gibt es eine große Auswahl an günstigen, aber trotzdem leckeren Mittagstischen.

St. Stephanskeller
St. Stephansplatz 41
☎ 69 18 18
Mo–So 11–14.30 und 17–23 Uhr
Türkisches Restaurant in historischer Weinstube in der Altstadt. Innen gediegenes holzvertäfeltes Ambiente, Außenbewirtschaftung mit Blick auf die St. Stephanskirche. Viele günstige türkische Gerichte.

Vegetarisch

Suppengrün
Sigismundstraße 19
☎ 91 71 00
Mo–Sa 11–21 Uhr
Schicke Suppenbar mit vielen (nicht ausschließlich) vegetarischen und veganen Gerichten sowie großem Salatbuffet mit hauptsächlich biologisch angebauten Zutaten aus der Bodenseeregion.

Maharani Amarjit Singh Restaurant
Konradigasse 1
☎ 2 02 90
Di–Fr 11.30–14.30 und 17–23.30 Uhr, Sa und So 17–23.30 Uhr, Mo Ruhetag
Indisches Restaurant im Norden der Altstadt mit einer großen Auswahl auch an vegetarischen Gerichten.

Sitara
Paradiesstraße 7
☎ 9 18 99 41
Mo–Sa 11.30–14.30 und 17.30–24 Uhr, So 17.30–24 Uhr
Beliebtes indisches Restaurant am westlichen Rand der Altstadt mit vielen vegetarischen, aber auch fleischhaltigen Gerichten.

Ausflugslokale außerhalb des Konstanzer Stadtgebiets

Salenstein-Arenenberg (CH)

Bistro Louis Napoleon
Bildungs- und Beratungszentrum Arenenberg
Arenenbergstraße
Salenstein-Arenenberg
+(41) 71 / 663 33 33
1. April–1. Nov: täglich Mo–Fr 11–18 Uhr, Sa und So 10–18 Uhr
Lokal mit Außenbewirtschaftung direkt am Schlosspark mit kalten und warmen regionalen Gerichten. Es werden auch Kaffee und Kuchen angeboten.

Plätzchen zum Relaxen: Strandbad am Uferweg der Reichenau

Reichenau

Café-Bistro-Restaurant Strandbad
Strandbadstraße 5
☏ 0 75 34 / 99 52 60
März–Okt: täglich ab 11 Uhr
Schönes Strandlokal mit hübsch gestalteten Biergarten direkt am Uferweg zwischen Mittelzell und Oberzell.

Reichenauer Salatstube
Untere Rheinstraße 21
Reichenau-Mittelzell
☏ 0 75 34 / 73 39
1. Mai–30. Sept: täglich
11.30–19.30 Uhr
Ein ehemaliges Reichenauer Gewächshaus wurde in ein gemütliches Lokal mit einem reichhaltigen Salatbüffet umgewandelt. Hier kann man sich an den gesunden „Früchten" des Reichenauer Gemüseanbaus so richtig satt essen. Dazu gibt es auch Fleisch und Fisch.

MvseumsCafé
Ergat 5
Reichenau-Mittelzell
☏ 0 75 34 / 27 10 17
www.cafe-reichenau.de
täglich 9–19 Uhr
Museums-Café direkt beim alten Rathaus, ein idealer Platz für ein Päuschen mit Kaffee und Kuchen. Vor allem an Wochenenden aber häufig sehr voll.

Café-Restaurant zum alten Mesmer
Burgstraße 9
Reichenau-Mittelzell
☏ 0 75 34 / 2 39
Di–So 11.30–14 und 17.30–21 Uhr,
Mo 11.30–15 Uhr
Schönes Café und Restaurant mit gemütlicher Gartenterrasse direkt gegenüber dem Mittelzeller Münster. Gute Bodensee-Küche, in der weitgehend regionale Zutaten verwendet werden. Gemüse kommt hauptsächlich von einem Reichenauer Biohof, und es werden ausschließlich Kaffee und Tee aus fairem Handel ausgeschenkt.

Café-Restaurant St.-Georgs-Blick
Pirminstraße 53
Reichenau-Oberzell
☏ 0 75 34 / 99 95 09
Sa–Do 11.30–21 Uhr, Fr Ruhetag
Gemütliches Lokal mit hübscher Gartenterrasse direkt am Beginn der Insel. Es werden vor allem Gerichte mit Zutaten von der Reichenau angeboten.

SB-Restaurant/Kiosk am Yachthafen
Hermannus-Contractus-Straße 28
Reichenau-Mittelzell
☏ 0 75 34 / 99 96 55
April–Okt: täglich ab 11 Uhr,
durchgehend warme Küche
SB-Restaurant mit großem Biergarten am Yachthafen, dem Ausgangspunkt der Uferwanderung von Mittel- nach Niederzell.

Gottlieben (CH)

Gottlieber Seecafé
Espenstraße 9
☎ +(41) 71 / 667 01 77
Mai–Sept: täglich 9–20 Uhr
Okt–April: Mo–Fr 9–17 Uhr,
Sa und So 10–18 Uhr
Modernes Café mit schöner Außenterrasse am Seerhein am westlichen Rand von Gottlieben. An den Caféraum angeschlossen befindet sich auch der „Manufakturladen", in dem Gottlieber süße Spezialitäten wie Hüppen, Truffes und Schokolade gekauft werden können.

Romantik Hotel-Restaurant Die Krone
Seestraße 11
☎ +(41) 71 / 666 80 60
aktuelle Öffnungszeiten der Lokale
bitte telefonisch erfragen
Stilvolles Restaurant in einem großen Fachwerkbau mit vorzüglicher Schweizer Küche. Wunderschöne Gartenterrasse direkt am Seerheinufer. Im Erdgeschoss befinden sich in schlichter Eleganz eingerichtete Restauranträume für die „Währschaft", d.h. die bodenständige Küche; im Obergeschoss ist das Gourmetrestaurant „Der schwarze Schwan" für höchste Ansprüche untergebracht. Gehobene Preise.

Hotel-Restaurant Drachenburg & Waaghaus
Am Schlosspark 7+10
☎ +(41) 71 / 666 74 74
Drachenburg: Mo und Do Ruhetage;
Waaghaus: kein Ruhetag; aktuelle Öffnungszeiten der Lokale bitte telefonisch erfragen
Drachenburg: Rustikales Restaurant mit mehreren Gasträumen in urigem Fachwerkhaus mit gehobener Gourmetküche.
Waaghaus: Direkt gegenüberliegendes Lokal, das mit der Drachenburg ein gemeinsames Hotel bildet. Die Küchen sind jedoch eigenständig. Die stilvollen Gasträume im Erdgeschoss sind häufig für Gesellschaften und Bankette reserviert. Im Restaurant im ersten Stock werden Gerichte „A la carte" serviert. Gehobene saisonale Küche. Zwei Rheinterrassen.

Gehobenes Tafeln hinter Fachwerk: Gottlieben

Hohentwiel

Hotel-Restaurant Hohentwiel
Hohentwiel 1
78224 Singen
☎ 0 77 31 / 9 90 70
www.hotel-hohentwiel.de
ganzjährig täglich
Traditioneller Gasthof mit herrlicher Aussichtsterrasse und gemütlichem Biergarten auf halber Höhe des Festungsberges. Zur Kaffeezeit gibt es auch Kuchen und Torten aus eigener Konditorei. Idealer Ausgangspunkt für Wanderungen auf und um den Gipfel des Hohentwiel. Das Haus hat eigene Parkplätze für Pkw und Busse.

Weinstuben und Weinkellereien

Schon im mittelalterlichen Konstanz trafen sich die Reichsstädter gerne in ihren kleinen Trinkstuben, die sich teilweise heute noch in Form der historischen Weinstuben erhalten haben.

Niederburg Weinstube
Niederburggasse 7
☎ 2 97 47
Mo–Sa 17–24 Uhr, Mi 10–24 Uhr,
So Ruhetag
Etwas versteckt in den mittelalterlichen Gassen der Niederburg liegt im Weinkeller des „Hauses zur Mugge" von 1422 die „Weinhandlung Franz Fritz", in der neben dem Verkauf auch Weine ausgeschenkt und regelmäßig Weinproben durchgeführt werden. Im 1. OG befindet sich das so-

genannte „Szene-Weinlokal" von Jürgen Franz. Auf beiden Stockwerken wird eine große Weinauswahl angeboten, dazu gibt es Vesper und kleine Speisen. Es herrscht eine gemütliche und gesellige Stimmung, und man ist offen für neue Gäste. Im Frühjahr gibt es an einem Abend immer eine große Weinprobe bei Kerzenschein im Hof.

Weinstube Hintertürle
Konradigasse 3
☎ 2 39 53
Winter: 18–1 Uhr
Sommer: 19–1 Uhr, So Ruhetag
Urige Weinstube in den dicken Mauern einer ehemaligen Lateinschule von 1617. Gute Auswahl an badischen, württembergischen, italienischen, spanischen und französischen Weinen. Dazu gibt's Vesper und kleine warme Gerichte. Gemütliches und stilvolles Ambiente.

Weinstube Weinglöckle
Inselgasse 13
☎ 2 30 30
Di–Sa 10–13 und 16–24 Uhr
So und Mo Ruhetag
Schöne Weinstube in der Niederburg mit guter Wein- und Speisekarte.

Weinstube Zum Küfer Fritz „Pfohl"
Salmannsweilergasse 11
☎ 2 21 98
Mo 17–24 Uhr, Di–Sa 11–24 Uhr,
So Ruhetag
Älteste Konstanzer Weinstube. Zum reichhaltigen und breit gefächerten Angebot an deutschen und internationalen Weinen gibt es Vesper oder kleine Gerichte. Im „Pfohlkeller" finden regelmäßig Weinproben für Gruppen von 15 bis 65 Personen statt. Ab und zu gibt es dort auch Veranstaltungen zu besonderen Anlässen.

Tamaras Weinstube „Zum Guten Hirten"
Zollernstraße 6–8
☎ 28 43 18
Mo–Sa ab 16 Uhr, So Ruhetag
Gute Auswahl an Weinen aus der Region sowie aus Italien und Spanien. Dazu gibt's ofenfrische „Dünnele" oder Vesperplatten.

Spitalkellerei Konstanz
Brückengasse 16
☎ 1 28 760
In dem aus dem frühen Mittelalter stammenden großen Kellergewölbe gegenüber dem Dominikanerinnenkloster Zoffingen wird auch heute noch der Wein zur Reifung gelagert. Die Kellerei ist zwar kein richtiges Weinlokal, aber es werden regelmäßig Weinproben mit Weinverkäufen im historischen Gemäuer veranstaltet. Es gibt öffentliche Weinproben, nach Vereinbarung auch für Gruppen.

Kinder: Tipps für Kids

Kinderfest Konstanz/Kreuzlingen
☎ 2 82 48-10 (Stadtmarketing)
Im größten Spielzimmer am Bodensee sind alljährlich beim grenzüberschreitenden Kinderfest im September Spaß und Spannung bei den Kindern garantiert. Dabei steht vor allem das Mitmachen im Mittelpunkt: Am Stand der Kinderklinik wird gelernt, wie man seiner Puppe oder seinem Kuscheltier einen fachgerechten Gips oder Verband anlegen kann, an anderen Plätzen wird kreatives Basteln angeboten, oder es gibt sportliche Aktivitäten wie Torwandschießen und Seilbrückenfahren. Zahlreiche Darbietungen von Sport- und Tanzschulen runden das bunte Programm ab und gestalten es auch für Erwachsene attraktiv.

Bodensee-Naturmuseum
Hafenstraße 9 (im Sea Life Center)
www.konstanz.de/naturmuseum
Juli–Mitte Sept: 10–19 Uhr
Mai–Juni und ab Mitte Sept: 10–18 Uhr
Nov–April: 10–17 Uhr
Das Bodensee-Naturmuseum auf Klein Venedig bietet mit seinen Ausstellungen und dem Spiel- und Lerngelände „steine im fluss" interessante und lustige Veranstaltungen für Kinder und Eltern an.

Seenachtfest
www.seenachtfest.com
Eines der größten Seefeuerwerke Europas, das jedes Jahr im August Tausende Besu-

Sea Life Center in Klein Venedig

cher an den Bodensee lockt. Ein Teil des Festes besteht aus einem fantasievollen Familienprogramm in der Seestraße mit Kindertheater, Piratenmusical, Spielejahrmarkt, Puppenbühne, Bastelecken, Märchenzelt, Kunsthandwerkermarkt, Naturwerkstatt und vielem mehr.

Sea Life Center
Hafenstraße 9
1 28 27-0
www.sealife.de
Mai–Okt: täglich 10–18 Uhr
Juli–13. Sept: 10–19 Uhr
Nov–April: Mo–Fr 10–17 Uhr,
Sa und So 10–18 Uhr
Im Sea Life Center wird in über 40 Süß- und Salzwasserbecken mit insgesamt 660 000 Litern die Unterwasserwelt von Flüssen und Ozeanen dargestellt. Im großen Aquarium schwimmen rund 3000 Tiere aus über 100 Arten. Auf einem Rundgang folgt man dem Lauf des Rheins, vom Gletscher in den Alpen über Rhein und Bodensee bis hin zum mittelalterlichen Hafen Rotterdams und der Nordsee. Höhepunkt der Ausstellung ist ein 8 m langer Acryltunnel mitten durch das Rote Meer Becken. Die Konzept der Sea Life Center stammt aus Großbritannien.

Mainau
Mainau-Servicezentrum
☎ 3 03-0
www.mainau.de
Die Insel Mainau ist auch für Kinder hochinteressant. Neben informativen Highlights wie dem Schmetterlingshaus wartet das Kinderland mit einem Streichelzoo, Blumentieren, einer Garteneisenbahn, einem Zwergendorf, einem Barfusspfad, einem Bauernhof und vielem mehr auf die Kleinen. Neueste Attraktion im Kinderland ist der Abenteuerspielplatz Wasserwelt, in der sich die Kinder über Hängeseile und Klettersteige von Haus zu Haus einer kindgerecht aufgebauten Pfahlbausiedlung hangeln oder mit Seilfähren oder Flößen über das Wasser gelangen. Die Wasserwelt ist ein ideales Ziel bei heißem Wetter und für jedes Alter geeignet.

**Kreuzlingen: See-Uferpark
mit Seemuseum und Tiergehege**
Der See-Uferpark rund um die märchenschlossähnliche Seeburg hat einiges für Kinder zu bieten. Neben einem interessant gestalteten ökologischen Lehrpfad für die größeren Kinder, der sich unterhalb des Schlosses entlang dem Seeufer durch den Park schlängelt, warten weitere

Glückliches Schweineleben im Kreuzlinger Tierpark

Attraktionen auf die Kleinen und Großen. Ein großer Kinderspielplatz mit Sand- und Wasserspielbereichen befindet sich neben dem kleinen Tierpark und einer Minigolfanlage etwas nördlich des Schlosses Seeburg. Auch das Seemuseum (geöffnet während der Hauptsaison: Di–So 14–17 Uhr) etwas südlich des Schlosses bietet viele spannende Infos für alle Altersgruppen.

Stadtführungen für Kinder und Jugendliche
☏ 13 30 26
christine.furtwaengler@ti.konstanz.de
In Konstanz bietet die Tourist-Information auch 1½–2-stündige Stadtführungen für Kinder und Jugendliche an. Sie sind bisher nur für Gruppen bis max. 25 Personen buchbar. Nähere Auskünfte bei Christine Furtwängler und Ihrem Team:

Wild- und Freizeitpark Allensbach
Gemeinmärk 7
78476 Allensbach
☏ 0 75 33 / 93 16 19
www.wildundfreizeitpark.de
Auf einem Gelände von 75 Hektar leben Wölfe, Luchse und Bären und viele weitere Tierarten. Neben den Wildtieren gibt es einen Streichelzoo und ein Kleintierhaus. Ein Abenteuerspielplatz lädt u. a. mit Trampolin, Seilbahn, Karussell und Riesenrutsche zum Spielen und Toben ein.
Anreise mit öffentlichen Verkehrsmitteln: Mit dem Nahverkehrszug Seehas nach Markelfingen. Von dort weiter mit der Buslinie 8 zum Tier- und Freizeitpark.
Anreise mit dem Pkw: Über die B 33 in Richtung Singen. Man nimmt die Ausfahrt Allensbach-Mitte (zweite Ausfahrt in Allensbach), biegt dann links ab nach Kaltbrunn und erreicht den ausgeschilderten Park, wenn man dort in Richtung Markelfingen fährt.

Katamaranfahrt mit Zeppelin Museum bzw. Zeppelin-Werft Friedrichshafen
Eine Katamaranfahrt vom Konstanzer Hafen aus lässt sich gut mit einem Besuch des Zeppelin Museums oder der Zeppelin-Werft verbinden und ist für Kinder ein einmaliges Erlebnis. Es kommt billiger, gleich ein Kombi-Ticket mit den gewünschten Eintritten zu buchen. Das Zeppelin Museum befindet sich direkt beim Hafen in Friedrichshafen, die Zeppelin-Werft kann mit der Buslinie 5 erreicht werden. Einstieg beim Hafenbahnhof und Fahrt Richtung Messe; Ausstieg Haltestelle „Zeppelin-Halle". Der Zeppelin-Hangar ist 110 m lang, 69 m breit und 34 m hoch und gehört zu den größten Industriehallen Süddeutschlands. Von Mitte März bis Ende Oktober finden regelmäßig um 17 Uhr Werftführungen statt. Wer möchte, kann hier auch Rundflüge mit dem Zeppelin buchen. Genauere Informationen über aktuelle Zeiten und Preise bei der Tourist-Information oder im Internet unter: www.der-katamaran.de (für die Katamarane), www.zeppelin-museum.de (Zeppelin Museum) und www.zeppelinflug.de (Zeppelin-Werft und für Rundflüge mit dem Zeppelin)

Solarschifffahrt
→ Schifffahrt

Strandbad Horn
Eichhornstraße 100
☏ 6 35 50
Im „Hörnle" ist bei schönem Wetter viel Spaß für Kinder und Jugendliche garantiert. Neben den ausgedehnten kostenlosen Liegewiesen und den schönen Badestränden gibt es Kinderbecken und Spielplätze, 4 Beachvolleyballplätze, Möglichkeiten für Tischtennis, Ringtennis, Basketball, Softball, Badminton und Minigolf und natürlich das Strandbadlokal Hörnle mit Kiosk. Im See gibt es mehrere künstliche Badeinseln, die angeschwommen werden können. Erreichbar mit der Buslinie 5.

Sport und Spaß im Strandbad Horn

Kinos

CineStar-Filmpalast
Bodanstraße 1 (im LAGO)
☎ 36 34-910 (Programm)
www.cinestar.de
Modernes Kinozentrum mit mehreren Kinosälen.

Open Air Kino
☎ 6 01 62 (Programm)
www.zebra-kino.de
Während der Sommermonate finden an verschiedenen Orten in und um die Stadt wie an der Kunstgrenze (beim Sea Life Center), der Universität, dem Rheinstrandbad oder am Palmenhaus Kinovorführungen im Freien statt. Die Plätze sind häufig nicht bestuhlt, und es empfiehlt sich, Decken mitzubringen. Veranstalter ist das Zebra Kommunales Kino e.V. Anspruchsvolles Openairkino.

Scala-Kinocenter Konstanz
Marktstätte 22
☎ 9 03 40 (Programm)
www.cinestar.de
Modernes Kino in zentraler Lage.

Zebra Kommunales Kino Konstanz e.V.
Joseph-Belli-Weg 5
☎ 6 01 62 (Programm)
www.zebra-kino.de
Nicht kommerzielles Programmkino in der ehemaligen Chérisy-Kaserne im Stadtteil Fürstenberg mit eher anspruchsvollen Filmen, häufig in Originalfassung mit deutschen Untertiteln.

Kulturzentren

Kommunales Kunst- und Kulturzentrum K9 e.V.
Hieronymusgasse 3
(Anschrift: Obere Laube 71)
☎ 1 67 13
www.k9-kulturzentrum.de
In den Räumen der ehemaligen St. Paulskirche finden zahlreiche Veranstaltungen wie Filmvorführungen, Discoabende, Konzerte, Improtheater, Varietés und Kabarett statt. Einzigartig sind die jeden Donnerstag stattfindenden „SplitterNacht"-Abende. Hier haben Profis und (noch) unbekannte Talente die Gelegenheit, auf der für jedermann offenen Bühne kurze Beiträge zu präsentieren: Tanz, Gesang, Musik, Artistik, Kabarett, Texte, Theater oder Zauberei. Ein idealer Einstiegspunkt für alle, die den Schritt auf die Bühne wagen wollen, und ein abwechslungsreicher Abend für alle, die nur zuschauen wollen.

Neuwerk
Oberlohnstraße 3
☏ 4 54 94 06
www.neuwerk.org
Das Neuwerk ist eine selbstverwaltete Genossenschaft, in der Gewerbe, Handwerk, Hobby, Kunst und Kultur in einem über 9000 m² großen alten Fabrikgebäude unter einem Dach vereint sind. Im Neuwerk finden auch zahlreiche öffentliche Veranstaltungen wie Vernissagen, Lesungen, Konzerte, Kleinkunst und Filmvorführungen statt. Teil des Konzepts ist die Kantine mit Bewirtschaftung auch im Innenhof. Hier werden täglich je ein fleischhaltiger und ein vegetarischer Mittagstisch angeboten (www.kantine-kn.de). Abends finden immer wieder Veranstaltungen statt.

Kulturzentrum am Münster
Wessenbergstraße 39
☏ 9 00-900
www.konstanz.de/kulturzentrum
Städtisches Kulturzentrum direkt am Münsterplatz mit Kulturbüro (Ansprechpartner für Vereine, Initiativen sowie Kunst- und Kulturschaffende im Bereich der Freien Kultur), Kunstverein, Stadtbücherei, Bildungs-Turm und Städtischer Galerie Wessenberg. In dem aus mehreren mittelalterlichen Häusern und einem Neubau bestehenden Komplex finden unterschiedlichste kulturelle Veranstaltungen statt.

Märkte, Wochenmärkte

Wochenmarkt
In Konstanz findet zweimal wöchentlich an jeweils zwei Plätzen ein Wochenmarkt statt. Auf dem St. Stephansplatz ist dienstags und freitags und auf dem St. Gebhardplatz mittwochs und samstags Markt.
Marktzeiten: März–Okt: 7–13 Uhr
Nov–Feb: 7.30–13 Uhr

Bauernmarkthalle
Hussenpassage, direkt an der Hussenstraße
Mo–Fr 9.30–18.30 Uhr, Sa 9–16 Uhr
14 landwirtschaftliche Familienbetriebe und verarbeitende Betriebe aus dem Landkreis Konstanz bieten hier täglich ein breites Sortiment an heimischen Lebensmitteln an. Die Produkte kommen auf kurzen Wegen direkt vom Bauernhof, wo nach kontrolliert-integrierten oder ökologischen Richtlinien produziert und verarbeitet wird.

Großer Flohmarkt
Jeden Sommer, meist im Juni, findet ein zweitägiger großer grenzüberschreitender Flohmarkt im Stadtgebiet von Konstanz und Kreuzlingen statt. Man kann auf zusammengerechnet rund 12 km mit Ständen nach allerlei Schnäppchen suchen. Der Flohmarkt zieht inzwischen aufgrund seiner Größe, seines besonderen Flairs und der wunderschönen Lage in der Konstanzer Altstadt, in Kreuzlingen und am Ufer des Seerheins Besucher aus ganz Europa an. Das Einzigartige an diesem Flohmarkt ist, dass er am späten Samstagnachmittag beginnt und erst in den Nachmittagsstunden des Sonntags endet. Man hat also die ganze Nacht Zeit, im romantischen Kerzenschein in der vergangenen Welt von Oma und Uropa zu stöbern und zu feilschen. Die Mitnahme von Taschenlampen wird wärmstens empfohlen. Nähere Informationen bei der Tourist-Information oder unter www.flohmarkt-konstanz.de.

Museen und besondere Sehenswürdigkeiten

Rosgartenmuseum
Rosgartenstraße 3–5
☏ 90 02 46
www.rosgartenmuseum-konstanz.de
Di–Fr 10–18 Uhr,
Sa und So 10–17 Uhr,
Mo geschlossen
Das Rosgartenmuseum bietet mit seinen zahlreichen Exponaten viele Informationen über die Geschichte, Kunst und Kultur der Stadt Konstanz und des Bodenseeraumes, von der Steinzeit bis heute. Auch das Museumsgebäude selbst mit seinen historischen Räumen im mittelalterlichen Zunfthaus „Zum Rosengarten" und dem gemütlichen Museumscafé ist einen Besuch wert. Darüber hinaus gibt es jährliche

Sonderausstellungen zur Kulturgeschichte und Kunst der Region. Die Gründung des Museums geht auf den Apotheker Ludwig Leitner zurück, dessen Sammelleidenschaft im 19. Jahrhundert viele Kostbarkeiten für die Nachwelt rettete. Das Museum ist rollstuhlgerecht ausgebaut.

Kunstverein Konstanz e. V.
Wessenbergstraße 39/41
☏ 2 23 51
www.kunstverein-konstanz.de
Di–Fr 10–18 Uhr, Sa und So 10–17 Uhr,
Mo geschlossen
Regelmäßige Veranstaltungen und wechselnde Ausstellungen zur Kunst der Gegenwart.

Städtische Wessenberg Galerie
Wessenbergstraße 43
☏ 9 00-246
www.konstanz.de/wessenberg
Di–Fr 10–18 Uhr, Sa und So 10–17 Uhr,
Mo geschlossen
Die Städtische Wessenberg-Galerie ist aus der Sammlung des letzten Konstanzer Bistumsverwesers Ignaz Heinrich Freiherr von Wessenberg († 1860) hervorgegangen und wurde kontinuierlich durch städtische Ankäufe sowie private Schenkungen erweitert. Heute ist die Galerie Teil des Kulturzentrums am Münsterplatz. Der inhaltliche Schwerpunkt liegt auf der südwestdeutschen Kunst des 19. und 20. Jahrhunderts bzw. der Kunst des Bodenseeraumes und reicht bis in die Gegenwart hinein. Es werden in den prachtvollen historischen Räumen wechselweise eigene Bestände und Sonderausstellungen gezeigt.

Bodensee-Naturmuseum
Hafenstraße 9 (im Sea Life Center)
☏ 9 00-915
www.konstanz.de/naturmuseum
Mai–Juni und Mitte Sept–Okt:
täglich 10–18 Uhr
Juli–11. Sept: täglich 10–19 Uhr
Nov–April: Mo–Fr 10–17 Uhr,
Sa und So 10–18 Uhr
Das Bodensee-Naturmuseum zeigt die einzigartige Landschaft des Bodenseeraumes. Schwerpunkt der Ausstellung sind die eiszeitliche Entstehung des Bodensees und dessen Tierwelt. Hinzu kommen neben einem frei zugänglichen Spiel- und Lerngelände wechselnde Sonderausstellungen.

Hus-Museum
Hussenstraße 64
☏ 2 90 42
April–Sept: Di–So 11–17 Uhr
Okt–März: Di–So 11–16 Uhr
Mo geschlossen
Das Museum erinnert an den tschechischen Reformator Jan Hus, der während des Konstanzer Konzils im 15. Jahrhundert hingerichtet wurde. Das Haus war einer der mutmaßlichen Aufenthaltsorte von Jan Hus zu Beginn des Konzils und wurde 1923 von der Prager Museumsgesellschaft zum Gedenken an den Reformator erworben und eingerichtet. Seit 1980 beherbergt das Museum eine künstlerisch gestaltete Ausstellung. Ihre Exponate dokumentieren in fünf Räumen das Leben und Wirken von Jan Hus und die nachfolgende hussitische Epoche. Der Eintritt ist frei.

Archäologisches Landesmuseum Baden-Württemberg
Außenstelle Konstanz
Benediktinerplatz 5 (Petershausen)
☏ 98 04-0
www.konstanz.alm-bw.de
Di–So 10–18 Uhr, Mo sowie 1. 1.,
24., 25. und 31. 12 und am Schmotzigen Dunschtig geschlossen
(Tipp: an jedem ersten Samstag im Monat freier Eintritt)
Das Archäologische Landesmuseum zeigt auf drei Stockwerken Funde und Erkenntnisse der Landesarchäologie in Baden-

Das Archäologische Landesmuseum im ehemaligen Kloster Petershausen

Die Reichenau aus der Vogelperspektive

Württemberg. Im Erdgeschoss wird man über die Methoden und Arbeitsweisen der Archäologie informiert. Hier befindet sich auch das Museumsrestaurant „Muse". Im ersten Stock werden Funde und Exponate von der Jungsteinzeit (Pfahlbauten am Bodensee) bis in die späte Neuzeit (Ludwigsburger Porzellanmanufaktur) präsentiert; der zweite Stock hat die Mittelalterarchäologie zum Thema. Der „Konstanzraum" gibt einen geschichtlichen Überblick von den ersten Pfahlbausiedlungen in Konstanz bis zum Mittelalter.

Kulturzentrum am Münster
→ Kulturzentren

Reichenau
(→ Ausflugsziel A)

Museum Reichenau
Ergat 1 und 3
☏ 0 75 34 / 99 93 21
www.museumreichenau.de
April–Okt: Di–So 10.30–16.30 Uhr
Juli/Aug: Di–So 10.30–17.30 Uhr
Nov–März: Sa und So 14–17 Uhr
Gemeinsam mit den drei romanischen Kirchen bilden vier Museumsgebäude, die sich in unmittelbarer Nähe der Kirchen befinden, ein „Informationsnetzwerk" zum Weltkulturerbe „Klosterinsel Reichenau".

Meersburg
(→ Ausflugsziel B)

Burg Meersburg (Altes Schloss)
Schlossplatz 10
☏ 0 75 32 / 8 00 00
www.burg-meersburg.de
März–Okt: 9–18.30 Uhr
Nov–Feb: 10–18 Uhr
Über 30 historisch eingerichtete Räume mit Waffenhalle, Burgküche, Rittersaal und den Wohnräumen der Annette von Droste-Hülshoff.

Neues Schloss
Schlossplatz
☏ 0 75 32 / 4 40 49 00
www.meersburg.de
April–Ende Okt: täglich 10–13 und 14–18 Uhr
Prachtvoller Bau des Barocks und Rokokos mit Gemäldegalerie.

Fürstenhäusle
Stettener Straße 11
☏ 0 75 32 / 60 88
www.meersburg.de
April–Ende Okt: Di–Sa 10–12.30 und 14–18 Uhr, So 14–18 Uhr,
Mo Ruhetag (außer an Feiertagen)
Idyllisches Refugium der Annette von Droste-Hülshoff mit originaler Einrichtung.

Salenstein-Arenenberg
(→ Ausflugsziel C)

Schloss und Park Arenenberg
Arenenbergstraße
☎ +(41) 71 / 6 63 32 60
www.napoleonmuseum.tg.ch
Mitte April – Mitte Okt: Di–So 10–17 Uhr,
Mo 13–17 Uhr
Mitte Okt – Mitte April: Di–So 10–17 Uhr,
Mo Ruhetag
Schloss und Gärten der Familie Bonaparte sind ein Kulturdenkmal von europäischem Rang.

Singen-Hohentwiel
(→ Ausflugsziel F)

Festungsruine Hohentwiel
www.festungsruine-hohentwiel.de
1. April – 15. Sept: täglich 9–19.30 Uhr
16. Sept – 31. Okt: täglich 10–18 Uhr
1. Nov – Mitte März: täglich 11–16 Uhr
Mitte – Ende März: täglich 10–18 Uhr
Innerhalb der Anlage liefern informative Beschilderungen interessante Details. In der ehemaligen alten Remise der Domäne wurde 1994 ein Informationszentrum eingerichtet, in dem neben einem Modell des Hohentwiel im Zustand des 18. Jahrhunderts ständig Videovorführungen zur Festungsruine stattfinden. Die Tickets für die Festungsruine müssen in der Remise gekauft werden. Es besteht auch die Möglichkeit, an Führungen teilzunehmen. Diese werden über das Verkehrsamt Singen vermittelt (☎ 0 77 31 / 85-262) und dauern rund 2 Stunden.

Friedrichshafen
(→ Ausflugsziel G)

Zeppelin Museum
Seestraße 22
☎ 0 75 41 / 3 80 10
www.zeppelin-museum.de
Mai–Okt: täglich 9–17 Uhr
Nov–April: Di–So 10–17 Uhr
Weltgrößte Sammlung zur Luftschifffahrt im Hafenbahnhof. Die angeschlossene Kunstsammlung zeigt Werke aus dem gesamten Bodenseeraum vom Mittelalter bis zur Neuzeit.

Dornier Museum
Claude-Dornier-Platz 1
☎ 0 75 41 / 4 87 36 00
www.dorniermuseum.de
Museum zur Geschichte der Luft- und Raumfahrt in Verbindung mit den Erfindungen und Innovationen Claude Dorniers. Es werden zahlreiche historische Flugzeuge sowie Teile eines originalen „Spacelab" ausgestellt.

Das 2009 eröffnete Dornier Museum in Friedrichshafen

Musik, Konzerte

Klassisch

Südwestdeutsche Philharmonie Konstanz
Fischmarkt 2
☎ 9 00-810
www.philharmonie-konstanz.de
Die Südwestdeutsche Philharmonie Konstanz wurde im Jahre 1932 gegründet. Mit 60 fest angestellten Musikern erreicht das Orchester bei über 100 Konzertveranstaltungen pro Jahr ca. 80 000 Besucher im Raum Konstanz und der benachbarten Schweiz. Der Schwerpunkt der Orchesterarbeit liegt auf den an wechselnden Orten stattfindenden Philharmonischen Konzerten vom Barock bis zur Moderne mit international bekannten Solisten und Gastdirigenten. In der Stadt finden das ganze Jahr über Konzerte von verschiedenen Veranstaltern an unterschiedlichen Orten statt.

Rock, Pop, Jazz

Jazzclub Konstanz
☎ 5 26 39
www.jazzclub-konstanz.de
Der Jazzclub Konstanz trifft sich immer am letzten Donnerstag im Monat im Kulturzentrum K9 in der Hieronymusgasse 3 zu einem Konzert mit regionalen oder überregionalen Gruppen. Auch sonst veranstaltet er immer wieder Konzerte im Stadtgebiet sowie den Konstanzer Jazzherbst Ende Oktober.

Klimperkasten
Bodanstraße 40
☎ 2 34 08
www.klimperkasten.net
Musikkneipe im ehemaligen Lohengrin im Süden der Konstanzer Altstadt. Im Klimperkasten finden regelmäßig Konzerte mit einer großen Bandbreite statt: Sixties, Garage, Boogaloo, Soul, Rock'n'Roll, Oldschool-HipHop und Indie sowie Trash und Psychobilly.

Kommunales Kunst- und Kulturzentrum K9 e.V.
Hieronymusgasse 3
☎ 1 67 13
www.k9-kulturzentrum.de
Auch im K9 in der ehemaligen St. Paulskirche werden immer wieder Konzerte unterschiedlichster Gruppen und Musikrichtungen veranstaltet.

Kulturladen Konstanz e.V. (Kula)
Joseph-Belli-Weg 5
☎ 5 29 54
www.kulturladen.de
Im Kula finden regelmäßig Konzerte im Veranstaltungssaal statt. Das soziokulturelle Zentrum ist vor allem Anziehungspunkt von studentischem und eher alternativ angehauchtem Publikum. Auch in der Kantine im Neuwerk und in der Blechnerei finden öfter einmal Konzerte statt (→ Nightlife: Diskotheken, Clubs).

Nightlife

Bars, Kneipen, Pubs

Brauhaus „Johann Albrecht"
→ Restaurants

Bar Globetrotter
Hüetlinstraße 14
Mi–Fr und So 18–1 Uhr, Sa 18–3 Uhr, Mo und Di Ruhetag
Gut besuchte und beliebte Bar im Stadtteil Stadelhofen mit großer Auswahl an feinen Cocktails. Der „Shaker-Man" und Globetrotter Jochen Schnell war auf verschiedenen Ocean-Linern Barkeeper und schüttelte schon im Nobelhotel in Papete auf Tahiti, im Dolder Zürich und einigen anderen guten Adressen seine Cocktails, bevor er in Konstanz vor Anker ging. Neben allerlei Flüssigem gibt es im Globetrotter auch eine kleine, aber feine Auswahl an Gerichten.

Destille
Mainaustraße 6
www.destille15.de
täglich ab 18 Uhr

Kleine gemütliche Kneipe in Petershausen mit günstigen Preisen für Getränke und Speisen.

Dom
Brückengasse 1
www.dom-kon.com
So–Do 10–1 Uhr, Sa 10–3 Uhr
Gemütlich gestylte Lounge-Bar mit großer Auswahl an Cocktails und Musik der 80er Jahre im Herzen der Niederburg. Auch der Biergarten vor dem ehemaligen Kirchengebäude St. Johann ist lauschig und eine kleine Oase. Selbst bei lauem Sommerregen lässt es sich unter den großen Sonnenschirmen gemütlich sitzen. Die DOM-Zapftische an einigen Tischen sind laut eigenen Angaben Unikate, die es so nur hier gibt. Man reserviert einen Tisch und zapft sich sein Bier selbst, wodurch es etwas günstiger wird. Der Bierkonsum wird digital angezeigt. Es gibt einige (Burger-) Gerichte im Angebot. Sonntags ist Brunch angesagt.

Gastronomische Betriebe in einem alten Kirchenbau

die-cocktailbar
St.-Johann-Gasse 4
www.die-cocktailbar.de
Di–So 18–1 Uhr, Sa 18–3 Uhr,
18–20 Uhr Happy Hour, Mo Ruhetag
Schicke Bar mit großer Cocktail-Auswahl in einem eindrucksvoll beleuchteten Kellergewölbe in den „Tiefen" der Niederburg.

Exxtra
Hussenstraße 28
Mo–Sa ab 11.30 Uhr, So Ruhetag

Café-Kneipe in der Altstadt mit großem Außenbereich und gemütlicher Terrasse im ersten Stock.

Seerhein
→ Restaurants

Strandbar
Webersteig 12
www.strandbar-konstanz.de
im Sommer bei schönem Wetter
Mo–Sa 12–24 Uhr, So 11–24 Uhr
Schön am Seerhein gelegene und gemütliche Bar, in der abends öfter einmal Bands auftreten. Zur Strandbar gehört natürlich auch ein kleiner Sandstrand mit Liegen und Sonnenschirmen. Es empfiehlt sich abends aber, Autan gegen eventuelle Schnakenattacken mitzunehmen. Die Bar wird vom Studentenwerk Seezeit organisiert.

Hafenhalle
→ Gartenlokale und Biergärten

Turm
Hussenstraße 66
www.cafe-turm.com
Mo–Fr 11–1 Uhr, Sa 11–3 Uhr,
So 12–21 Uhr
Gemütliche Kneipe und Restaurant am Schnetztor. An Freitagen, manchmal auch an Dienstagen, treten abends meist Bands auf. Es gibt badische und internationale Gerichte sowie günstige Mittagstische.

Sommermorgen am Stephansplatz

Klimperkasten
Bodanstraße 40
www.klimperkasten.net
Mo–Do 12–1 Uhr, Fr 12–2 Uhr,
Sa 12–3 Uhr
Alternative Musikkneipe im Süden der Altstadt mit vielen Gesichtern. Tagsüber ein gemütliches Café, abends, speziell am Wochenende, ein Club mit DJ. Es gibt auch regelmäßig Konzerte mit einer großen Bandbreite an Musikstilen sowie Lesungen oder Poetry Slams. Am Sonntagabend ist gemeinsames Tatortgucken angesagt. Gut gemischtes, eher alternativ angehauchtes und oft studentisches Publikum. Wer zu spät kommt, muss draußen warten.

Seekuh
→ Restaurants

Irish Pub Logan´s
Zogelmannstraße 2
www.logans-konstanz.de
Mo–Fr 17–1 Uhr, Sa 15–3 Uhr,
So 15–1 Uhr
Gemütlicher irischer Pub mit rustikalem Ambiente im Stadtteil Stadelhofen. Kleine Speisekarte mit selbst gemachten Kartoffelecken (Pommes). Verschiedene Themenabende, öfters auch mal Live-Musik mit guter Stimmung.

Shamrock
Bahnhofstraße 4
www.shamrock-konstanz.de
Mo–Do 17–1, Fr 16–2,
Sa 14–3 und So 15–1 Uhr
Sehr authentischer Irisher Pub in der Nähe des Bahnhofs. Erfreut sich bei deutschen und vor allem bei englischsprachigen Studenten sowie bei Fußballfans großer Beliebtheit. Jeder Abend steht unter einem bestimmten Motto wie die Quiz Night am Dienstagabend. An Samstagabenden treten regelmäßig Bands auf und verbreiten ausgelassene Partystimmung. Gute Auswahl an irischen und deutschen Bieren, Whiskys sowie einfachen, aber leckeren Gerichten.

Casba
Obere Laube 55
http://casba-kn.de
Mo–Fr und So 18.30–1 Uhr,
Sa 18.30–3 Uhr (manchmal auch länger)
Etwas schräge Absackerkneipe am Rand der Altstadt für den späten Abend. Das Casba ist laut und ziemlich schmuddelig, aber mit der von den Gästen liebevoll „Mamma" genannten Kneipenwirtin einfach eine Institution! (Hard-)Rockige Musik, lockeres Publikum, Dart, Tischkicker, günstige Getränkepreise, verrauchte Luft, verschlissene Möbel und deftige Stimmung ergeben die einmalige Atmosphäre im Casba – für den, der so etwas mag.

Café Bar Manuscript
Rheingasse 4
Mo–Sa 18–1 Uhr,
So Ruhetag
Gemütliches kleines Abendlokal im urigen Häuserlabyrinth der Niederburg. Im Manuscript mit seinem originellen und kuscheligen Ambiente werden vom Wirt bei ausführlicher Beratung leckere Weine mit Käse angeboten, außerdem gibt es (Bio-) Bier, Bionaden und – wie es sich für ein ordentliches Café gehört – natürlich guten Kaffee, Tees und leckere Schokoladen.

Corso Bar
Emmishofer Straße 2
www.corsobar.de
täglich 9–5 Uhr
Ehemalige Table-Dance-Bar nahe der Grenze, heute eher Rock-Kneipe mit gelegentlichen Striptease-Einlagen, um die langen Öffnungszeiten zu rechtfertigen und weiteres Publikum anzuziehen.

Diskotheken, Clubs

Kantine im Neuwerk
Oberlohnstraße 3
www.kantine-kn.de
Schöner Club mit abwechslungsreicher Musik von Rock über Elektro bis hin zu 80er-Musik, guten DJs und angenehmer Atmosphäre. Das Publikum ist recht gemischt mit hohem Studi-Anteil. Es finden regelmäßig Studentenpartys, Vollmondpartys und Konzerte statt.

Gastgeschenk der Partnerstadt Suzhou: die chinesische Haltestelle „Konzilstraße"

Kulturladen (Kula)
Joseph-Belli-Weg 5
www.kulturladen.de
Im Veranstaltungssaal des Kula finden regelmäßig Konzerte und Discos statt. Das soziokulturelle Zentrum ist vor allem Anziehungspunkt von studentischem und eher alternativ angehauchtem Publikum. Die Musikauswahl bewegt sich eher abseits des Charts-Mainstreams.

Die Blechnerei
Macairestraße 4
www.dieblechnerei.de
Eine Fabrikhalle wurde zu einer schönen Eventhalle umgebaut. Wechselndes Programm mit unterschiedlichen Veranstaltern: von Mottopartys, Elektroveranstaltungen bis zu Liveacts und Bandveranstaltungen.

Dance-Palace
Max-Strohmeyer-Straße 33
www.dance-palace.tv
Größte Diskothek am Bodensee. Die Großdisco ist in sieben Bereiche aufgeteilt: Mainhall, Dance Club, Tanzscheune, Cocktailschiff, Club Lounge, Raucherlounge und Restaurant. Das Publikum ist eher jung, die Musik Mainstream.

Öffentliche Verkehrsmittel: Busse und Bahnen

Im Stadtgebiet verkehren 14 Linien zwischen 5 und 1 Uhr. Einzel- und Tagesfahrscheine sind beim Busfahrer erhältlich, Mehrfahrkarten sowie genauere Informationen mit Taschenfahrplänen bei der Tourist-Information am Bahnhofplatz 13 und im Kundenzentrum „Energiewürfel" der Stadtwerke Konstanz in der Max-Strohmeyer-Straße (☎ 803-630). Einzelfahrpläne können unter www.sw.konstanz.de online eingesehen werden. Der Regionalzug Seehas mit Halt am Hauptbahnhof, Petershausen und Wollmatingen pendelt im 30-Minuten-Takt zwischen den Städten und Gemeinden Konstanz, Radolfzell, Reichenau, Singen und Engen.

Parkhäuser in der Altstadt

Parkhaus Altstadt
Untere Laube 26
täglich 6.30–1.30 Uhr

Parkhaus Augustiner/Karstadt
Bruderturmgasse
Mo–Sa 7–1.30 Uhr, So ab 8 Uhr

Parkhaus Marktstätte
Dammgasse 3
täglich 7–1.30 Uhr

Parkhaus Fischmarkt
Salmannsweilergasse 1
täglich 7–1.30 Uhr

Parkhaus Lago
Bodanstraße 1
täglich 7–1.30 Uhr

Parkhaus Seerheincenter
Steinstraße 2
Mo–Sa 6–23 Uhr

Schifffahrt

Die Bodensee-Schiffsbetriebe (BSB)
Auskünfte am Hafenschalter (☏ 3 64 03-0) oder bei der Tourist-Information (→ S. 115).
www.bsb-online.com
Zahlreiche regelmäßige Schiffsverbindungen auf dem Bodensee sowie Ausflugs-, Programm- und Charterfahrten.

Fähre Konstanz–Meersburg
Stadtwerke Konstanz GmbH
☏ 8 03-0
www.sw.konstanz.de/mobilitaet

Der Katamaran
Katamaran-Reederei Bodensee GmbH
☏ 3 63 93 20
www.der-katamaran.de
Verbindung zwischen Konstanz und Friedrichshafen im Stundentakt.

Personenschifffahrt Ewald Giess
☏ 0 75 33 / 52 61
www.bodensee-personenschifffahrt.de
Rund- und Sonderfahrten sowie ganzjähriger Kursverkehr Wallhausen–Überlingen.

MS Seeschwalbe
Bootsbetriebe Fluck
☏ 0 77 32 / 82 29 51
www.rundfahrtenschiff-seeschwalbe.de
Nostalgisches Vollholzschiff für individuelle Gesellschaftsfahrten.

Personenschifffahrt Wilfried Giess
☏ 0 75 33 / 21 77
www.moewe-konstanz.de
45-minütige Rundfahrten in der Konstanzer Bucht mit der MS Möwe.

Solarschiffahrt
Bodensee-Solarschifffahrt GmbH
Fritz-Reichle-Ring 4
78315 Radolfzell
☏ 0 77 32 / 99 95 46
www.solarfaehre.de
Es besteht mittlerweile in und um Konstanz die Möglichkeit, den Bodensee mit rein solarbetriebenen Booten und Fähren zu befahren. So gibt es an der Mainau das für Gruppen (bis 11 Personen) buchbare Solarboot „Mainausonne", zwischen Konstanz, Kreuzlingen (CH) und Bottighofen (CH) verkehrt der Solarkatamaran „Sole

Mio" (→ Tour 9), und zwischen der Insel Reichenau und dem schweizerischen Ort Mannenbach pendelt die „Solarfähre Reichenau". Mannenbach liegt in der Nähe des Schlosses Arenenberg, dessen Besichtigung mit einem Solarfährenausflug verbunden werden kann. Das größte Solarschiff auf dem Bodensee ist die „Helio". Sie bietet Platz für 48 Personen und kann für Gruppen gebucht werden. Auf den Solarfähren können bei ausreichendem Platz auch Fahrräder mitgenommen werden. Die aktuellen Fahrzeiten, Sonderfahrten, Buchungsmöglichkeiten und Preise sind im Internet zu erfahren.

Die Bodensee-Solarschifffahrt GmbH bietet in Kooperation mit dem NABU Naturschutzzentrum Mettnau das Paket „Mit dem Solarboot um die Mettnau" an, bei dem ein fachkundiger Referent des NABU den Passagieren die Besonderheiten der Natur, insbesondere der Vogelwelt, zeigt, was sich bei dem geräuschlosen Fortbewegungsmittel anbietet. Bei kleinen Gruppen (bis 11 Personen) kann man diese Bootsfahrt auch mit dem kleineren Solarboot „Mettnausonne" buchen. Auch die anderen Solarboote bieten immer wieder interessante Sonderfahrten an.

Sport, Freizeit und Wellness

Schwimmen

Hallen- und Freibäder

Bodensee-Therme Konstanz
Zur Therme 2
☎ 36 30 70
www.therme-konstanz.de
Gelegen an der Konstanzer Bucht im Freizeit- und Erholungsgebiet Horn/Lorettowald. Ufer und Badebereich: große Liegewiese, Freibadbereich mit 50-Meter-Sportbecken (26° C), Nichtschwimmerbecken mit zwei Rutschbahnen, Kinderspielplatz, Solarien, Thermalbecken (33° C und 34° C), Kiosk-Restaurant. Man kann für das Freibad oder auch Freibad und Thermalbad separat (ohne Saunabereich) Eintritt bezahlen. Erreichbar mit der Buslinie 5.

Schwaketenbad
Schwaketenstraße 35
☎ 36 30 10
Das Hallenbad liegt in Wollmatingen. Mit seinen fünf Becken und über 820 m² Wasserfläche ist es das grösste Hallenbad in der Bodenseeregion. Im Angebot: Planschbecken (31° C), zwei Nichtschwimmerbecken (29° C), Schwimmerbecken (25 × 16,66 m, 27° C) mit Schnellschwimmbahn, Sprungbecken mit 1-m-Brett, 3-m-Brett und 5-m-Turm, Wasserrutsche, 100 m Reifenrutschanlage, Restaurant mit Kiosk, Solarien, Sonnenbank, Liegewiese mit Spielplatz. Erreichbar mit der Buslinie 12.

Strandbäder

In und um Konstanz gibt es viele schöne Möglichkeiten für einen erholsamen Badetag am See oder Seerhein. Die Wasserqualität ist gut, und es gibt schön angelegte Strandbäder oder auch einige naturbelassene Uferabschnitte, wie entlang des Seeuferwegs, an denen Baden erlaubt ist.

Rheinstrandbad
Spanierstraße 7
☎ 6 62 68
Das denkmalgeschützte, im Jahr 1936 erbaute See-/Freibad liegt direkt am Seerhein nahe des Radler- und Fußgängerstegs. Es umfasst Kinderbecken, Schwimmbecken, Sprungturm, Rhein-/Seewasserzone (Vorsicht: starke Strömung!), Liegewiese, Spielflächen für Badminton und Tischtennis sowie ein Restaurant. Das Rheinstrandbad ist gut zu Fuß von der Altstadt oder mit dem Bus (Linie 6) erreichbar und kostet Eintritt. Wer weniger Komfort braucht und dafür kostenlos baden und in der Sonne liegen möchte, kann dies auf dem sich westlich anschließenden Grünbereich zwischen Uferpromenade und Seerhein tun. Diese Plätze sind besonders bei Studenten und allgemein jüngerem Publikum sehr begehrt. Besonders für kleine Kinder ist hier das Schwimmen auf Grund der starken Strömung gefährlich und

◄ *Seezeichen am Konstanzer „Hörnle"*

Bei schönem Wetter ist ausgelassener Badespaß im „Hörnle" garantiert

sollte, wenn überhaupt, nur unter sorgsamer Aufsicht eines Erwachsenen stattfinden.

Strandbad Horn
Eichhornstraße 100
☏ 6 35 50
Das Strandbad Horn (auch „Hörnle" genannt) ist mit rund 52 000 m² Liegewiesen sowie einer Strandlänge von 600 m das größte Strandbad in der Umgebung von Konstanz und liegt im Freizeit- und Erholungsgebiet Horn/Lorettowald. Es gibt Flächen für Beachvolleyball, Tischtennis, Ringtennis, Basketball, Softball, Badminton, Minigolf sowie mehrere Badeinseln, einen FKK-Bereich und das Strandbad-Restaurant Hörnle mit Kiosk und großer Außenbewirtschaftung. Der Eintritt ist frei. Erreichbar mit der Buslinie 5.

Strandbad Litzelstetten
Am See 44
☏ 4 31 66
Schönes Strandbad im Stadtteil Litzelstetten mit großer Liegewiese, Kiosk mit Terrasse, Beachvolleyballplatz und einem Kinderspielplatz. Der Eintritt ist frei. Erreichbar mit den Buslinien 4 und 6.

Strandbad Dingelsdorf
Klausenhorn
☏ 0 75 33 / 53 11

Schön gelegenes Strandbad im hübschen Stadtteil Dingelsdorf am Naturschutzgebiet Klausenhorn. Neben großen Liegeflächen, einem Spielplatz für Kinder gibt es einen Beachvolleyballplatz sowie einen Kiosk mit Terrasse. Der Eintritt ist frei. Erreichbar mit der Buslinie 4.

Strandbad Wallhausen
Uferstraße 39
☏ 0 75 33 / 99 88 13
Strandbad im Stadtteil Wallhausen mit Minigolfplatz, großer Liegewiese, Kinderspielplatz und Beachvolleyballplatz sowie nettem Biergarten. Der Eintritt ist frei. Erreichbar mit den Buslinien 4 und 13.
Wallhausen ist ein guter Ausgangspunkt für Wanderungen entlang des Steilufers zur nordwestlich gelegenen Marienschlucht. Am Strandbad können auch Kanus ausgeliehen werden, mit denen man diesen wildromantischen Uferbereich erkunden kann.

Mineral- und Thermalbäder

Bodensee-Therme Konstanz
Zur Therme 2
☏ 36 30 70
www.therme-konstanz.de
Schöne Lage an der Konstanzer Bucht im Freizeit- und Erholungsgebiet Horn/Lorettowald. Neben dem großen Sportbecken,

Der markante „Schiffsbug" der Bodensee-Therme

einer Liegewiese sowie einem Thermalbecken im Außenbereich (34° C) bietet das Bad auch ein Thermalbecken im Innenbereich (33° C), einen Quelltopf (36° C) und eine wunderschön in den „Schiffsbug" eingebaute Sauna-Welt mit Panorama-Sauna, Dampfbad, Tauch- und Relaxbecken sowie Ruheräumen. Erreichbar mit der Buslinie 5.

Meersburg-Therme
Uferpromenade 10–12
☏ 0 75 32 / 4 40-2850
www.meersburg-therme.de
Bequem mit der Fähre erreichbar, lohnt sich auch ein Ausflug zur schön gestalteten Meersburg-Therme, die etwas oberhalb des Seeufers am östlichen Ende der Meersburger Altstadt liegt. Der Wellnesstempel bietet u. a. ein großzügiges Thermalbecken (35° C), verbunden mit einem herrlich gelegenen Außenbecken. Darüber hinaus gibt es neben einem Erlebnisbecken mit Strömungskanal, einer Felswand mit Kaskaden, einem großen Sonnendeck mit Gastronomie auch eine exotisch gestaltete Saunalandschaft. Bade- und Saunawelt (im Sommer auch das Freibad) können getrennt bezahlt werden. Erreichbar mit einem kurzen Fußmarsch vom Fährhafen oder mit dem Pkw.

Wassersport

Kanuverleih und -touren

Ein neuer Trend am Bodensee heißt Kanuwandern, bei dem auf ruhigen Gewässern gepaddelt wird.

Kanuzentrum Konstanz La Canoa
Robert-Bosch-Straße 4b
☏ 95 95 95
www.lacanoa.com

Kanuverleih Boros
Kanustation DKV-Campingplatz
Peter-Thumb-Straße 33
☏ 01 72 / 4 84 86 76
www.boros-kanuverleih.de

Kanustation Wallhausen
am Strandbad Wallhausen (→ Strandbäder)

Segel-/Motorbootschulen

Der Bodensee ist mit seinen 571 km² Wasserfläche ein wahres Eldorado für Segler. An günstigen Sommertagen wimmelt es nur so von Segelbooten und -yachten auf der Wasseroberfläche. Auch Sportboote und Motoryachten, mit denen man problemlos auch den Rhein befahren kann, sind ein beliebtes Freizeitvergnügen. Das Seeklima ist jedoch manchmal unberechenbar, und besonders plötzlich auftretende Sommergewitter sind gefürchtet.

Segelschule Konstanz
Hafenstraße 7
☏ 9 19 11 5
www.segelschule-konstanz.de

Bodensee Segel- und Motorbootschule Konstanz-Wallhausen
Zum Wittmoos 10
☏ 0 75 33 / 47 80
www.segelschule-konstanz-wallhausen.de

Segelschule Tom's Aqua Club
Fohrenbühlweg 54 (Staad)
☏ 3 52 87
www.toms-aqua-club.de
Segel-, Windsurf- und Motorbootschule in Staad.

Surfschulen und Surfbrettverleih

Das Surfen auf dem Bodensee ist im Rahmen der Vorschriften der Bodensee-Schifffahrts-Ordnung (BSO) nur in den dafür

Konstanzer Segler- und Yachthafen

freigegebenen Windsurfrevieren erlaubt. Der Bodensee gilt insbesondere durch die Gefahr plötzlich auftretender Sturm- oder Orkanböen und Föhneinbrüche als nicht ganz harmloses Surfrevier. Stetige Winde gibt es hier nicht, und man muss Wetterlagen mit ausreichend starken West- oder Föhnwinden nützen. Ein bei Surfern beliebtes Revier mit häufigen Westwinden ist der Untersee auf der Westseite der Reichenau. Es gibt auch ein paar mögliche Bereiche im Konstanzer Stadtgebiet, wenn auch nicht direkt in der Konstanzer Bucht. Kitesurfen ist dort verboten.

Surf Bauch
Wollmatingerstraße 77
☎ 5 39 11 oder 01 72 / 82 58 93
www.surfbauch.de

Segelschule Tom's Aqua Club
→ Segel-/Motorbootschulen

Tauchen

Die Tauchgründe des Bodensees sind nicht zu verachten. Besonders beliebte Tauchgebiete für Fortgeschrittene sind die Steilufer des Überlinger Sees nördlich von Wallhausen bei der Marienschlucht, die Steilwände bei Meersburg oder der 1864 gesunkene Raddampfer „Jura" bei Bottighofen.

Tauchschule Meersburg
Von-Laßberg-Straße 1 (Meersburg)
☎ 0 75 32 / 92 77
www.tauchschule-meersburg.de

Tina's Tauchschule
Uferstraße 22 (Wallhausen) oder
Im Estlikofer 18 (Reichenau)
☎ 0 75 34 / 15 30 oder
0 75 33 / 93 37 00
www.tinas-tauchschule.de

Yoga und Entspannung

Yogaschule Bodensee
Birgitt Vollmayer und Markus Lauber
Petershauser Straße 30 (Wollmatingen)
☎ 1 85 17
www.yogaschule-bodensee.de

czerner dance academie und yogalounge
Yoga, Pilates, Tanz und Ballett
Andrea und Peter Czerner
Kreuzlinger Straße 54
☎ 99 11 44
www.czerner-dance.com

Paradiesyoga
Atem Bewegen Entspannen
Angela Mink
Mayenfischstraße 20 (Paradies)
☎ 2 48 59
www.paradiesyoga.de

Yoga Ananada
Angela Hauber
Zasiusstraße 35 (Paradies)
☎ 3 62 39 93
www.ananda-bodensee.de

Yogaschule Angelika Seitz
Eichbühlstraße 26
☎ 97 96 36
www.yogakonstanz.de

Yoga in Konstanz
Petra Reich-Roth
Mainauweg 28
☎ 0 75 33 / 69 00
www.yogainkonstanz.de

Taekwondo Sportschule Whang
Robert-Bosch-Straße 4b
☎ 5 01 70
www.sportschule-whang.com
Taekwondo- und Yogaschule.

INCITYSPA, Wellness am Münster
Wohlfühl-Massagen, Naturkosmetik
Münsterplatz 5
☎ 2 84 67 90
www.in-city-spa.de

Wohlfühloase
Wohlfühl-Massagen, Shiatsu, Yoga
Werner Hülsmann
Gerichtsgasse 8
☎ 3 65 90 64
www.wohlfuehloase.eu

Fahrradfahren

Im Konstanzer Stadtgebiet und besonders entlang des Bodensees gibt es optimale Möglichkeiten für schöne Radtouren. Der Bodensee-Radweg zählt zu den beliebtesten Radwegen Europas. In der Konstanzer Bucht verlaufen die Radwege

Wohlverdientes Rastplätzchen

teilweise nicht direkt am Seeufer, da dort im Sommer viele Spaziergänger und Wanderer unterwegs sind. Die Radwege sind gut ausgeschildert. Fahrräder können auf allen Schiffen der Bodensee-Schiffsbetriebe (BSB), den Fähren Konstanz–Meersburg und Friedrichshafen–Romanshorn, im Linienverkehr Überlingen–Wallhausen, auf dem Katamaran sowie auf der Bodensee-Solarfähre am Untersee mitgenommen werden, teilweise jedoch mit Einschränkungen. Für Gruppen empfiehlt sich eine Voranmeldung.

Informationen:
Bodensee-Schifffahrtsbetriebe GmbH
☎ 36 40-389
www.bsb-online.com/fahrraeder.html.

Fahrradverleih

Konstanz

Kultur-Rädle Konstanz
Bahnhofplatz 29
☎ 2 73 10
www.kultur-raedle.de
Fahrradverleih und geführte Radtouren.

Fahrradverleih Harry Buch
Mainaustraße 12
☎ 6 67 73

Auf der Reichenau

Fahrradverleih Gumbmann
Schiffsanlegestelle
☎ 0 75 34 / 9 99 76 67

Fahrradverleih Koch
An der Schiffslände 6
☎ 0 75 34 / 3 77

Fahrradverkauf und -reparatur

Fahrräder pro Velo
Konzilstraße 3
☎ 81 99 29-0

Radial GmbH
Inselgasse 13
☎ 2 25 32
www.radial-konstanz.de

Rad-Center Paradies
Untere Laube 32
☎ 1 60 53

Zweirad-Wagenknecht
Reichenaustraße 14b
☎ 6 19 79
www.zweirad-wagenknecht.de

Minigolf

Minigolf am Hörnle
Eichhornstraße 87
☎ 94 17 41

Minigolf-Halle
Ernst-Sachs-Straße 1
☎ 6 29 94

Spielbank

Casino Konstanz
Seestraße 21
☎ 8 15 70
www.casino-konstanz.de
Schön gelegenes Haus an der feinen Uferpromenade mit kleinem und großen Spiel.

Das Konstanzer Casino

Stadt- und Naturführungen

Stadtführungen für Besucher finden vom 1. April bis Ende Oktober statt. Die Dauer beträgt rund 2 Stunden. Es gibt Führungen zu Themen wie „Gegenwart der Vergangenheit", „Das große sakrale Erbe", „Das römische Konstanz", „Auf den Spuren des Konzils", „Von Wuostgräben und anderen stillen Örtchen", „Frauen in der Stadt", „Jüdisches Leben in Konstanz", „Das trutzige Konstanz – Türme, Tore und Stadtmauern" und „Architektur und Baukunst in Konstanz". Voranmeldung ist nicht erforderlich. Die genauen Termine und Themen der Führungen können bei der Tourist-Information erfragt werden (→ S. 115). Treffpunkt: Tourist-Information Konstanz, Bahnhofplatz 13.
Die Führungen zum Thema „römische Geschichte" beginnen in der Regel an der römischen Kastellruine (Glaspyramide) am Münsterplatz. Die unterirdische Ausstellung in der Glaspyramide selbst kann jeden Sonntag um 15 Uhr mit Führung besichtigt werden.
Aktuelle Informationen zu Stadtführungen im Internet: www.konstanz-tourismus.de/themen/stadtfuehrungen. Informationen zu anekdotischen Stadtführungen: http://stadtfuehrung.comedycation.de.
Darüber hinaus gibt es „kulinarische Stadtführungen", in denen die visuellen Entdeckungen durch verschiedene kulinarische „Geschmackserlebnisse" bereichert werden. Näheres unter: www.kulinarische-stadtfuehrung-konstanz.de.

Interessante Naturführungen durch das am westlichen Stadtrand liegende Naturschutzgebiet Wollmatinger Ried werden durch den Naturschutzbund (NABU) angeboten. Die 3–5 km langen Rundtouren beginnen beim „Vogelhäusle" in der Fritz-Arnold-Straße 2e in Konstanz. Nähere Informationen:
NABU-Naturschutzzentrum
Wollmatinger Ried
Kindlebildstraße 87
78479 Reichenau
☎ 7 88 70
www.nabu-wollmatingerried.de

Taxis

Taxi Zentrale (Taxi Vereinigung GbR)
☎ 2 22 22

Taxi Dornheim
☎ 6 77 77

Taxi Frädrich
☎ 99 82 27

Taxi Haberbosch
☎ 08 00 / 1 13 86 86
(gebührenfreie Bestellung)

Taxi Müller
☎ 6 53 00

Taxi Vogel
☎ 45 42 72

Seeteufel
☎ 4 49 44 (günstige Tarifangebote ab 19 Uhr bei Fahrten bis 3 km)

Theater & Bühnen

Stadttheater
Inselgasse 2–6 (Spiegelhalle: Hafenstraße 12)
☎ 9 00-150
www.theaterkonstanz.de
Die Geschichte des Stadttheaters begann Anfang des 17. Jahrhunderts mit einer verbürgten Aufführung über das Leben des heiligen Konrad im damaligen Jesuitengymnasium, dem heutigen Stadttheater. Konstanz verfügt heute somit über eine der ältesten dauerhaft bespielten Bühnen Deutschlands. Neben dem Stadttheatergebäude an der Konzilstraße mit 400 Plätzen nutzt das Theater Konstanz die „Spiegelhalle", ein ehemaliges Hafengebäude, für seine Produktionen, insbesondere für experimentelles und junges Theater, sowie die „Werkstatt" in der Inselgasse als Figuren- und Puppentheater. Das Stadttheater genießt einen guten Ruf weit über die Grenzen Baden-Württembergs hinaus. Es war und ist immer wieder Arbeitsort namhafter Schauspieler, Regisseure und Bühnenautoren wie Ursula Cantieni, Siegfried Lowitz oder Verena Plangger.

Theater EventProduction HTWG Konstanz
Brauneggerstraße 55
Gebäude E, Raum 104
☎ 2 06-330
www.theater.htwg-konstanz.de
Modernes und experimentelles Theater der Hochschule für Technik, Wirtschaft und Gestaltung, University of Applied Sciences. Bei den unterschiedlichsten Stücken wirken zahlreiche Studierende der Hochschule mit.

Universitätstheater Konstanz
Studiobühne der Universität Konstanz
in Raum A 501 (Egg)
☎ 88-2952
www.uni-konstanz.de/theater
Das Universitätstheater Konstanz existiert als Zweig der philosophischen Fakultät seit mehr als 30 Jahren. Jährlich werden zwei bis drei Produktionen aufgeführt. Der Kern des Unitheaters besteht aus rund 10 Studierenden verschiedener Fachrichtungen, die es sich zum Ziel gesetzt haben, freies Theater mit (möglichst) professionellem Anspruch zu machen.

Hermes Theater Konstanz-Dettingen
Dettinger Rathaus (Dettingen)
☎ 0 75 33 / 15 55
www.hermes-theater.de/
Das Hermes-Theater in Dettingen ist eine freie Theatergruppe, die in Deutschland selten oder nie gespielte Stücke europäischer Dramenautoren aufführt. Seit einigen Jahren finden die Aufführungen im Rathaus in der Ortsmitte von Dettingen statt.

Kommunales Kunst- und Kulturzentrum K9 e.V.
→ Kulturzentren

Theater an der Grenze
Hauptstraße 55a
CH-8280 Kreuzlingen
☎ +(41) 71 / 688 38 04
www.theateranderg renze.ch

Im 1968 gegründeten Theater finden pro Jahr 15 bis 20 Aufführungen im Grenzbereich zwischen Kabarett und Variete, Philosophie, Literatur, Schauspiel und Comedy.

Toiletten: öffentliche und „Nette Toiletten"

Im Stadtgebiet gibt es mehrere öffentliche Toiletten. Außerdem bieten einige Institutionen, Geschäfte und Lokale ihre Toilette zur kostenlosen Nutzung an („Nette Toilette"), deren Standorte im Folgenden ebenfalls aufgeführt werden. Diese WCs sind mit dem grünen Nette-Toilette-Logo gekennzeichnet:

Ein Flyer mit Ortsplan liegt u. a. bei der Tourist-Information aus.

Innenstadt, Paradies und Hafen

Marktstätte (Unterführung), Untere Laube (Stephansschule), Stadtgarten (Pavillon), Bahnhof, Kulturzentrum am Münster (Wessenbergstraße 43), RAD-CENTER Paradies (Untere Laube 32), Kiosk am Döbele, EDEKA Frischemärkte Baur (Kanzleistraße 2–4), Stadtmarketing Konstanz (Obere Laube 71), Kultur-Rädle (Bahnhofplatz 29), Eiscafé Delfino (Bahnhofplatz 6), LAGO Shopping Center (Bodanstraße 1), Sea Life Center (Hafenstraße 9), Stadtwerke (alle Fährschiffe und Länderbauten), Palmenhaus/Zum Hussenstein (Paradies)

Petershausen

Sternenplatz (Unterführung), Mainaustraße (Kiosk, Suso-Gymnasium), Restaurant Seerhein (Spanierstraße 3), Seerhein-Center (Zähringerplatz), Landratsamt Konstanz, Archäologisches Landesmuseum und Musikschule (alle Benediktinerplatz)

Behindertengerechte Toiletten

Untere Laube 24 (Verwaltungsgebäude Laube), Bahnhof (Gleis 1), Kulturzentrum am Münster (Wessenbergstraße 43), Landratsamt, Freizeitbad Horn, Stadtgarten (Pavillon am See), Kiosk am Döbele, Untere Laube (Stephansschule), Sea Life Center (Hafenstraße 9)

Unterkunft, Übernachten

Buchungsadressen für Hotels, Pensionen und Privatzimmer mit Überblick über die Verfügbarkeit im Internet:
www.konstanz-buchen.de
www.konstanz-tourismus.de
oder telefonisch bei der Tourist-Information:
☎ 13 30-30

Hotels

Einfache bis mittlere Preiskategorie

Hotel Gästehaus Centro
Bahnhofplatz 4
☎ 4 57 18 18
www.gaestehauscentro.de
Zentral gelegenes Hotel, frisch renoviert, einfache, aber modern ausgestattete Zimmer.

Hotel-Pension Gretel
Zollernstraße 6–8
☎ 45 58 25
www.hotel-gretel.de
Einfaches, aber gemütliches und günstiges Hotel im Herzen der Altstadt. Fahrradfahrer sind willkommen. Gutes Preis-Leistungs-Verhältnis. Die Zimmer direkt über der gut frequentierten Weinstube sind aber eher etwas für Nachtschwärmer.

Traumplatz mit Seeblick

Hotel Scheffelhof
Zogelmannstraße 2
☏ 2 84 33 14
www.scheffelhof-konstanz.de
Einfaches, zweckmäßig eingerichtetes Hotel in zentraler und relativ ruhiger Lage in der südlichen Altstadt (Stadelhofen). Alle Zimmer haben eine kleine Einbauküche. Wer abends nicht mehr das Haus verlassen möchte, kann den irischen Pub „Logan's" im Erdgeschoss besuchen.

Hotel Wiesentäler Hof
Zogelmannstraße 5
☏ 2 33 85
www.wiesentaeler-hof.de
Nettes Garni-Hotel in zentraler und doch einigermaßen ruhiger Lage in der südlichen Altstadt (Stadelhofen). Im Erdgeschoss befindet sich das italienische Restaurant „La Cucina".

Hotel Bayerischer Hof
Rosgartenstraße 30
☏ 13 04-0
www.bayrischer-hof-konstanz.de
Komfortables Hotel im Konstanzer Stadtzentrum.

Hotel Hirschen
Bodanplatz 9
☏ 1 28 26-0
www.hirschen-konstanz.de
Nettes Hotel in günstiger Lage zwischen Altstadt, Bahnhof und Einkaufszentrum Lago.

Stadthotel Konstanz
Bruderturmgasse 2
☏ 90 46-0
www.stadthotel-konstanz.de
Einfaches, hübsch eingerichtetes Hotel in der Altstadt. Mit schöner Frühstücksterrasse auf dem Dach.

Hotel Graf Zeppelin
St. Stephansplatz 15
☏ 69 13 69-0
www.hotel-graf-zeppelin.de
Traditionsreiches Hotel mit frisch renovierten Zimmern, am Rand der Altstadt gelegen.

Hotel Bilgereck
Reichenaustraße 2 (Petershausen)
☏ 5 93 30
www.bilgereck.de

Einfaches, aber modern ausgestattetes Hotel an der nicht gerade verkehrsarmen Kreuzung Reichenaustraße/Petershauser Straße. Für diese Preiskategorie unschlagbar reichhaltiges Frühstücksbüfett. Durch den Fußgängersteg über den Seerhein gute Lauflage zur Altstadt.

ABC-Hotel Garni
Steinstraße 19 (Petershausen)
☏ 8 90-0
www.abc-hotel.de
Schickes Hotel in einem schmucken historischen Kasernengebäude. Modern und zugleich charmant eingerichtete Zimmer, die alle mit einer kompletten Küchenzeile ausgestattet sind.

Hotel Petershof
St.-Gebhard-Straße 14 (Petershausen)
☏ 99 33 99
www.petershof.de
Gemütliches und beliebtes Hotel mit schön ausgestatteten Zimmern. Großes Frühstücksbuffet.

Hotel Schiff am See
William-Graf-Platz 2 (Staad)
☏ 3 10 41
www.ringhotel-schiff.de
Übernachten in schöner Lage am Staader Hafen. Zimmer teilweise mit Seeblick.

Gehobene Preiskategorie

Steigenberger Inselhotel
Auf der Insel 1
☏ 1 25-0
www.konstanz.steigenberger.de
Das Steigenberger Inselhotel liegt auf einer kleinen Insel in den beeindruckenden Räumlichkeiten eines ehemaligen Dominikanerklosters. Das exklusive Hotel ist aufgrund seiner einzigartigen und gleichzeitig zentralen Lage, dem schönen Hotelgebäude mit historischem Kreuzgang und dem guten Service sehr begehrt.

Villa Barleben am See
Seestraße 15 (Petershausen)
☏ 94 23 30
www.hotel-barleben.de

Hotelvilla mit Besuch der „Weltmenschen" in der Seestraße

Entzückendes kleines Hotel in einer schönen Gründerzeitvilla mit einem charmanten großen Garten, direkt an der Konstanzer Uferpromenade gelegen. Liebevoll und individuell eingerichtete Zimmer und aufmerksamer Service.

RIVA Hotel
Seestraße 25 (Petershausen)
☏ 3 63 09-0
www.hotel-riva.de
Modernes Luxushotel an der eleganten Uferpromenade, das kaum Wünsche offen lässt. Ein Teil des Hotels befindet sich in einer alten Villa. Schöner Spa-Bereich mit Pool auf dem Sonnendeck. Herrlicher Ausblick auf den See und die Konstanzer Altstadt.

Golden Tulip Halm
Bahnhofplatz 6
☏ 1 21-0
www.goldentuliphalmkonstanz.com
Zentral beim Bahnhof gelegenes, gediegenes Hotel in den Räumen eines ehemaligen Grandhotels aus dem 19. Jahrhundert. Ein besonderes Erlebnis ist ein Abendessen im historischen Maurischen Saal.

Jugendherbergen

Jugendherberge Otto-Moerike-Turm Konstanz
Zur Allmannshöhe 16
(Allmannsdorf)
☏ 3 22 60
Fax 3 11 63

www.jugendherberge-konstanz.de
info@jugendherberge-konstanz.de
Anreise: Buslinien 1 und 4

Jugendherberge Kreuzlingen
Villa Hörnliberg
Promenadenstraße 7
CH-8280 Kreuzlingen
☎ +(41) 71 / 688 26 63
Fax +(41) 71 / 688 47 61
www.youthhostel.ch
kreuzlingen@youthhostel.ch
Die Jugendherberge ist zu Fuß von der Bahnstation „Kreuzlingen Hafen" in 10 Minuten und von den Bahnhöfen Kreuzlingen und Konstanz in ca. 20 Minuten erreichbar. Sie liegt direkt am Bodensee-Radweg.

Camping

Campingplatz Klausenhorn
Hornwiesenstraße 40/42 (Dingelsdorf)
☎ 0 75 33 / 63 72
www.camping-klausenhorn.de
In der Nähe des Strandbads Klausenhorn. Mit Mietunterkünften, mehreren Spielplätzen, Beachvolleyballfeld, Tischtennisplatten usw. während der ganzen Saison. ECOCAMPING-Mitglied.

Campingplatz Fließhorn
Am Fließhorn 1 (Dingelsdorf)
☎ 0 75 33 / 52 62
www.fliesshorn.de
Idyllisch zwischen Weiher und Bodenseeufer im Seepark Fließhorn gelegen, wo sich auch eine Tauchschule und ein Kanuverleih befinden.

Campingplatz Litzelstetten-Mainau
Großherzog-Friedrich-Straße 43 (Litzelstetten)
☎ 94 30 30
Terrassenförmiger Platz am Strand mit Blick auf die Insel Mainau.

DKV-Campingplatz Bodensee
Fohrenbühlweg 45 (Staad)
☎ 3 30 57
www.dkv-camping.de
Rund 30 m oberhalb des Strands gelegener Campingplatz. In der Nähe befinden sich eine Surfschule, ein Kanuverleih und das Strandbad Horn. Rund 4 km bis zur Altstadt.

Campingplatz Bruderhofer
Fohrenbühlweg 50 (Staad)
☎ 3 13 88
www.campingplatz-konstanz.de
Rund 50 m oberhalb des Strands gelegen. In der Nähe befinden sich eine Surfschule, ein Kanuverleih und das Strandbad Horn. Bis zur Altstadt sind es rund 4 km.

Literaturverzeichnis

Baedeker: Konstanz, Ostfildern 2008 (Baedeker)
Burchardt, L.; Geschichte der Stadt Konstanz, Bd. 6: Konstanz zwischen Kriegsende und Universitätsgründung, Konstanz 1996 (Stadler)
Edelmann, C.: Der fliegende Delphin. Geschichten & Anekdoten aus dem alten Konstanz, Gudensberg-Gleichen 2008 (Wartberg)
Erni, P./A. Raimann: Die Kunstdenkmäler des Kantons Thurgau, Bd. VII: Der Bezirk Kreuzlingen I, Bern 2009 (GSK)
Finke, H./S. Schweiger: Jugendstil in Konstanz, Konstanz 1998 (Stadler)
Krämer, W./M. Greuter (Hrsg.): Kunstschätze im Kreis Konstanz, Hilzingen 2008 (Greuter)
Lenk, P.: Skulpturen: Bilder, Briefe, Kommentare, Konstanz 2005 (Stadler)
Maurer, H.: Geschichte der Stadt Konstanz, Bd. 1: Konstanz im Mittelalter I, Konstanz 1996 (Stadler)
Maurer, H.: Geschichte der Stadt Konstanz, Bd. 2: Konstanz im Mittelalter II, Konstanz 1989 (Stadler)
Seuffert, R.: Konstanz. 2000 Jahre Geschichte, Konstanz 2003 (UVK)
Zang, G.: Kleine Geschichte der Stadt Konstanz, Karlsruhe 2010 (G. Braun)
Zimmermann, W./W. Dobras/M. Burkhardt: Geschichte der Stadt Konstanz, Bd. 3: Konstanz in der frühen Neuzeit, Konstanz 1996 (Stadler)

240 Seiten, 34 Abbildungen
Format 12,5 x 19 cm, gebunden
ISBN 978-3-7650-8588-8

www.gbraun-buchverlag.de

in Karlsruhe seit 1813

G. BRAUN BUCHVERLAG

Impressum

Texte
Arndt Spieth

Umschlagbild
Arndt Spieth

Karten
Detailkarten Rundgänge: OpenStreet-Map, lizenziert unter CC-by-sa, http://creativecommons.org/licenses/by-sa/3.0; www.openstreetmap.org

Übersichtskarten
U2: OpenStreetMap, lizenziert unter CC-by-sa, http://creativecommons.org/licenses/by-sa/3.0; www.openstreetmap.org
U3: Stadtwerke Konstanz GmbH

Layout
Steffen Harms, Darmstadt

Lektorat und Herstellung
post scriptum, www.post-scriptum.biz

Druck
Bosch-Druck, Landshut

Fotos
Andrea Faucheux: 3, 4/5, 47, 151, 155
Stefan Krauss, www.post-scriptum.biz: 110, 112
Jana Rücker: 6
Verkehrsverein Reichenau: 140
Folgende Bilder sind lizenziert unter der Creative-Commons-Lizenz „Namensnennung – Weitergabe unter gleichen Bedingungen", in der Version 3.0, http://creativecommons.org/licences/by-sa/3.0/de/legalcode:
Fb78: 139
Rizzo: 146, 149
Christoph Wagener: 152
Lorenz Walthert: 141
Gemeinfrei: 2/3, 11, 12, 13
Alle anderen Fotos vom Autor.

G. BRAUN BUCHVERLAG
Karlsruhe
www.gbraun-buchverlag.de
info@gbraun-buchverlag.de

© 2011 DRW-Verlag Weinbrenner GmbH & Co. KG
Leinfelden-Echterdingen

Das Werk einschließlich aller seiner Teile ist urheberrechtlich geschützt. Jede Verwertung außerhalb der engen Grenzen des Urheberrechtsgesetzes (auch Fotokopien, Mikroverfilmung und Übersetzung) ist ohne Zustimmung des Verlages unzulässig und strafbar. Dies gilt auch ausdrücklich für die Einspeicherung und Verarbeitung in elektronischen Systemen jeder Art und von jedem Betreiber.

ISBN 978-3-7650-8575-8